ALTHUSSER E A PSICANÁLISE

PASCALE GILLOT

ALTHUSSER E A PSICANÁLISE

EDITORA
IDEIAS&
LETRAS

Direção Editorial:
Marlos Aurélio

Conselho Editorial:
Fábio E. R. Silva
Márcio Fabri dos Anjos
Mauro Vilela
Ronaldo S. de Pádua

Tradução:
Pedro Eduardo Zini Davoglio (Org.)
Fábio Ramos Barbosa Filho
Marie-Lou Lery-Lachaume

Copidesque e Revisão:
Luiz Filipe Armani
Pedro Paulo Rolim Assunção

Diagramação e Capa:
Tatiana Alleoni Crivellari

Título original: *Althusser et la Psychanalyse*
© Presses Universitaires de France, 2009
6, avenue Reille, 75014 Paris
ISBN: 978-2-13-056619-9

Todos os direitos em língua portuguesa, para o Brasil, reservados à Editora Ideias & Letras, 2018.

1ª impressão

EDITORA
IDEIAS&
LETRAS

Rua Barão de Itapetininga, 274
República - São Paulo /SP
Cep: 01042-000 – (11) 3862-4831
Televendas: 0800 777 6004
vendas@ideiaseletras.com.br
www.ideiaseletras.com.br

Dados Internacionais de Catalogação na Publicação (CIP)
(Câmara Brasileira do Livro, SP, Brasil)

Althusser e a psicanálise/Pascale Gillot
[tradução Pedro Eduardo Zini Davoglio, Fábio Ramos Barbosa Filho, Marie-Lou Lery-Lachaume].
São Paulo: Ideias & Letras, 2018.
Bibliografia.
ISBN 978-85-5580-041-2

1. Althusser, Louis, 1918-1990 2. Psicanálise II. Título.

18-14109   CDD-150.195

Índice para catálogo sistemático:
1. Psicanálise : Psicologia 150.195

SUMÁRIO

PREFÁCIO À EDIÇÃO BRASILEIRA	7
INTRODUÇÃO	13

**1. A DESCOBERTA DE MARX E
A DESCOBERTA DE FREUD** — 25
1.1. Anti-humanismo teórico e antipsicologismo — 25
1.2. Um retorno a Marx alimentado de um retorno a Freud — 39
   1.2.1. A sobredeterminação — 45
   1.2.2. A leitura sintomal — 59
   1.2.3. A causalidade estrutural — 67

**2. A IDEOLOGIA, O INCONSCIENTE E
A QUESTÃO DO SUJEITO** — 73
2.1. Teoria da ideologia e teoria do inconsciente — 73
   2.1.1. O problema da "representação" ideológica
na tradição marxista — 77
   2.1.2. A teoria freudiana do sonho e a hipótese do inconsciente — 81
   2.1.3. Eternidade do inconsciente e necessidade
da ideologia: um materialismo do imaginário — 90

3. A IDEOLOGIA E A CONSTITUIÇÃO DO SUJEITO   99
3.1. A interpelação em sujeito 1: ideologia e ordem simbólica   99
3.2. Assujeitamento e subjetivação: o sujeito e o Sujeito   106
3.3. A interpelação em sujeito 2: ideologia e imaginário   110

CONCLUSÃO   117
REFERÊNCIAS   123
Obras de Louis Althusser   123
Outras obras   124

PREFÁCIO À EDIÇÃO BRASILEIRA

Este trabalho se propõe a explorar as grandes linhas da teorização da ideologia por Althusser (como instrumento de reprodução das relações de produção), através do destaque dos pontos de convergência entre o retorno althusseriano a Marx, e o retorno lacaniano a Freud. Duas formas de retorno que implicam, cada uma, uma ruptura com o psicologismo e o antropologismo.

Com efeito, Althusser e Lacan se encontram objetivamente na crítica da psicologia e no esforço para dar visibilidade à cientificidade específica de ciências "humanas" retiradas de sua pré-história ideológica: a cientificidade do marxismo (a descoberta do continente história) e a da psicanálise (a descoberta e a elaboração do conceito de inconsciente). Se esse encontro teórico é indiscutível, resta que Althusser é aquele que reconhece uma dívida – certamente ambivalente – para com Lacan e, em especial, para com a tematização lacaniana do sujeito assujeitado, do *sujeito do inconsciente* distinto do eu [*moi*] e de suas identificações imaginárias.

Eis o desafio, portanto, da homologia reivindicada por Althusser entre seu próprio *retorno a Marx* e o *retorno a Freud* operado por Lacan: homologia que cumpre um papel decisivo na elaboração por Althusser de uma teoria da ideologia que implica, ela mesma, uma conceituação singular dos mecanismos da constituição em sujeito.

Essa, com efeito, é definida pela teoria althusseriana da ideologia como a representação invertida da relação imaginária entre os homens e suas próprias condições de existência: ela se encontra precisamente descrita e analisada no famoso texto de 1970, "Ideologia e Aparelhos Ideológicos de Estado".[1] A ideologia é assim considerada como um princípio da reprodução das relações de produção e de manutenção da ordem socioeconômica. Esse princípio opera por outros meios, distintos da repressão (os Aparelhos Repressivos de Estado), na medida em que ele coloca em jogo os Aparelhos Ideológicos de Estado (AIE). Sua eficácia se sustenta na ficção primordial de um sujeito livre e causa de si, em virtude de um mecanismo fundamental da ideologia que obriga cada um a se reconhecer "espontaneamente" como sujeito livre, responsável, e a aderir, assim, "por si mesmo" ao lugar sempre-já atribuído ao indivíduo na divisão social do trabalho.

Essa *teoria da ideologia*, no cerne do programa teórico de Althusser nos anos 1960 e 1970, no contexto da exposição do rigor científico do marxismo, busca compreender a potência específica da ideologia, sua eficácia causal singular: essa realidade e essa causalidade próprias da ideologia são aquelas da superestrutura, contra uma concepção unívoca e mecanicista da tópica marxiana da relação infraestrutura/superestrutura. Paradoxalmente, falta essa teoria, ainda, nos escritos de Marx que, nesse ponto, havia permanecido preso em uma compreensão "pré--marxista" da ideologia como simples reflexo invertido da vida real (em especial em *A Ideologia Alemã*). Ora, essa teorização althusseriana daquilo que pode a ideologia como elemento fundamental, ineliminável, da existência dos homens, quaisquer que sejam os períodos históricos e as formações sociais

---

1 ALTHUSSER, Louis. "Idéologie et Appareils Idéologiques d'État", *La Pensée*, n. 151, junho de 1970.

consideradas, conjuga duas fontes, explicitamente mobilizadas por Althusser ao dar início ao programa de exposição da filosofia latente de Marx.

Por um lado, o espinozismo e, singularmente, a teoria espinozista da imaginação, a qual constitui não uma faculdade mental, não um simples modo de representação, mas sim o "mundo dos homens", seguindo uma lógica fundamental dos corpos afetados-afetantes, que implica o caráter primordial do desconhecimento e da inversão da ordem causal das coisas no primeiro gênero de conhecimento. Althusser interpreta essa concepção espinozista singular da imaginação – elemento da existência humana – nos termos de um "materialismo do imaginário" decisivo para a compreensão da potência própria da ideologia concebida ao título de *mundo humano*, na medida em que os homens são "animais ideológicos". Essa referência a Espinoza é, então, crucial. Ela reforça a ruptura com uma concepção pré-marxista, feuerbachiana, da ideologia como *câmera obscura*, como simples inversão fantasmática das condições reais de existência.

Por outro lado, quando se trata de medir a potência específica da ideologia – que não poderia ser reduzida apenas às ilusões de uma consciência espontânea mutilada e confusa, mas que constitui um sistema que produz efeitos no "mundo real" – Althusser propõe elaborar uma teoria da Ideologia em geral, assim como Freud propôs uma *teoria do Inconsciente* em geral. Em outros termos, a potência da ideologia é estruturalmente comparável (como "a eficácia de uma causa ausente") àquela do inconsciente. E assim se articula à dupla função de reconhecimento/desconhecimento.

É dessa maneira que Althusser se interessa particularmente pelo trabalho de Lacan: pela tematização lacaniana da ordem simbólica e do assujeitamento constitutivo do sujeito a essa ordem simbólica. Essa tematização implica, numa perspectiva antipsicologista, na distinção decisiva entre o sujeito simbólico (o sujeito assujeitado, o sujeito sempre-já constituído, instituído no discurso do Outro) e eu [*moi*] das identificações imaginárias, o eu [*moi*] especular que apenas se reconhece como tal ao preço do desconhecimento daquilo que o determina a se representar como eu [*moi*] e a se identificar a si mesmo. Essa concepção lacaniana da ordem simbólica como fundamento da subjetividade, que liga o ser-sujeito à estrutura de assujeitamento, e sublinha o caráter instituído e não originário do sujeito sob a forma de um "sujeito do inconsciente", é fundamental para a retomada por Althusser da noção de intimação a ser sujeito, na sua própria teorização da interpelação enquanto sujeito. De resto, sob muitos aspectos, o artigo "Freud e Lacan"[2] – no qual Althusser expõe a importância, não somente para a psicanálise, mas para as ditas ciências humanas em geral, dessa releitura de Freud por Lacan – constitui a matriz teórica do texto citado anteriormente, no qual estão fixadas as grandes linhas da teoria da ideologia, isto é, o texto de 1970, "Ideologia e Aparelhos Ideológicos de Estado".

O gesto lacaniano de despsicologização da psicanálise e de retorno da irredutibilidade do conceito de inconsciente elaborado por Freud, é decisivo aos olhos de Althusser, do ponto de vista epistemológico: esse gesto lhe parece constituir um modelo para pensar a especificidade do marxismo como ciência e o *corte* entre o marxismo e sua pré-história (Hegel, Feuerbach e os teóricos ingleses da economia política). Mais amplamente, o trabalho de Lacan fornece os meios de conceber a cientificidade específica das ciências humanas, às avessas tanto da ideologia psicologista quanto da redução naturalista. Mas a dívida de Althusser para com Lacan não é apenas de ordem epistemológica. Podemos compreendê-la também na elaboração específica de seu *próprio conceito de ideologia* ("a ideologia em geral"), na medida em que a *interpelação em sujeito*, ilustrada através do "pequeno

---

2 ALTHUSSER, Louis. Freud et Lacan, *La Nouvelle Critique*, n. 161-162, dezembro-janeiro 1964-1965.

teatro teórico" da cena da interpelação policial ("Ei, você aí!"), representa o mecanismo fundamental da ideologia. Em Althusser, essa nova teorização da ideologia e de sua potência própria engaja uma retomada da questão do sujeito, uma leitura específica dos mecanismos ideológicos da subjetivação e da intimação a ser sujeito. Essa retomada e essa leitura devem muito à distinção por Lacan entre o simbólico e o imaginário, na base da distinção conceitual crucial entre o sujeito e o eu [*moi*], ela mesma indissociável da equivalência posta entre condição subjetiva e assujeitamento. Esse assujeitamento à estrutura sempre-já existente da linguagem, ou seja, do inconsciente, se formula notadamente em Lacan como assujeitamento do sujeito ao Outro definido como "o lugar onde se situa a cadeia do significante que comanda tudo o que vai poder se presentificar do sujeito". Os desafios de tal retomada por Althusser da tematização lacaniana do sujeito e do seu descentramento estão, assim, no cerne deste livro, bem como a elaboração por Althusser de categorias novas destinadas a expor a filosofia latente de Marx: aquelas de sobredeterminação, de leitura sintomal, de causalidade estrutural. Essas categorias são construídas através de um jogo de referência constante à obra de Freud tal como ela foi redescoberta por Lacan.

Com essa retomada singular de Lacan, não sem ambivalência – na medida em que Althusser permanece fiel à tradição de uma filosofia do conceito, resistente à reabilitação lacaniana do "sujeito cartesiano", por exemplo –, o autor de "Ideologia e Aparelhos Ideológicos de Estado" lança um programa de pesquisa inédito, que consiste em elaborar uma teoria não subjetivista da subjetividade, na interseção da teoria das formações sociais (o materialismo histórico) e da psicanálise. É esse programa que o filósofo e linguista Michel Pêcheux vai desenvolver e precisar alguns anos mais tarde, no quadro de uma análise do discurso interessada no estudo do "impensado" da língua: o *efeito de sentido*, o *efeito-sujeito*, e os mecanismos de reconhecimento/desconhecimento que presidem a constituição do sujeito como impossível causa de si, ou seja, como efeito de pré-construído através da obliteração estrutural das condições que o determinam. Se é verdade que o sujeito constitui o efeito ideológico elementar – já que a ideologia é esse mecanismo que intima os indivíduos a se reconhecerem como sujeitos – se enquanto impossível causa de si ele é apenas um fantasma, esse fantasma é tão insistente quanto a ideologia que o institui pelo mecanismo da interpelação. Nessa perspectiva teórica singular que conjuga filosofia, materialismo histórico, linguística e psicanálise, o sujeito é reinscrito na ordem externa das condições sociais, linguísticas, simbólicas que o determinam, ao contrário da hipótese idealista de um sujeito constitutivo. Mas é notável que tal sujeito considerado através do desconhecimento necessário disso que o constitui, seja tão ineliminável quanto aquilo que o produz, isto é, a eficácia de uma causa ausente, seja ela chamada de ideologia ou de inconsciente.

Pascale Gillot
Paris, fevereiro de 2018

INTRODUÇÃO

Entre 1963-1964, realizou-se, na Escola Normal Superior da Rua d'Ulm, sob a direção do filósofo Louis Althusser, um seminário sobre Lacan e a psicanálise, com a finalidade de "definir as condições de possibilidade teóricas de uma pesquisa válida tanto no domínio da psicanálise quanto no das ciências humanas em geral".[1] Esse seminário sucede os seminários sobre o jovem Marx (1961-1962) e sobre as origens do estruturalismo (1962-1963), e precede o seminário sobre *O Capital* (1964-1965); de forma que esse trabalho consagrado à psicanálise pode aparecer como um *desvio* necessário no programa de pesquisa conduzido por Althusser e seus alunos, no contexto dos anos 1960, para trazer à tona a cientificidade do marxismo, ainda ocultada pelos vestígios do idealismo hegeliano ou do humanismo filosófico feuerbachiano. Desse modo, apresenta-se (ou dá-se a entender), sob a forma restrita de um seminário, a confrontação entre duas tradições teóricas, o marxismo

---

1 As duas exposições pronunciadas por Louis Althusser no âmbito desse seminário foram publicadas por Olivier Corpet e François Matheron sob o título *Psychanalyse et Sciences Humaines. Deux Conférences (1963-1964)* [*Psicanálise e Ciências Humanas. Duas Conferências (1963-1964)*, sem tradução]. Paris: Le Livre de Poche, 1996. Os autores participantes desse seminário foram Michel Tort, Étienne Balibar, Jacques-Alain Miller, Yves Duroux, Jean Mosconi (cf. a esse respeito, a apresentação de *Psychanalyse et Sciences Humaines*, p. 14). A citação foi extraída da primeira conferência de Althusser, p. 20.

e a psicanálise, e entre duas figuras da vida intelectual francesa dos anos 1960: Louis Althusser (1918-1990) e Jacques Lacan (1901-1981).[2] Com a publicação em 1965 de *Por Marx* (*Pour Marx*), e, em colaboração com Étienne Balibar, Roger Establet, Pierre Macherey e Jacques Rancière, de *Ler O Capital* (*Lire le Capital*), Louis Althusser cumpriu um papel decisivo em um contexto intelectual marcado por essa corrente de pensamento oposta tanto às "filosofias da consciência" quanto à tradição hermenêutica e existencialista, que nos acostumamos a designar pelo termo genérico de "estruturalismo". Ele não apenas promove a reatualização do marxismo sob o prisma do anti-humanismo teórico, mas contribui ainda, mais amplamente, para a renovação do interesse concedido no campo da filosofia à psicanálise, considerada enquanto teoria cuja hipótese principal, a do inconsciente, elaborada por Freud, rompe com o mito do *homo psychologicus*.

É nesta perspectiva, que tende a restituir a radicalidade, as implicações teóricas revolucionárias da descoberta do inconsciente, que toma sentido em particular a leitura althusseriana do trabalho de Jacques Lacan; leitura crucial para o reconhecimento filosófico deste último, e sua entrada em cena no "pensamento francês" dos anos 1960, em ressonância com a crítica posteriormente determinante do humanismo, do psicologismo e do subjetivismo. De fato, Althusser cumpriu um papel incontestável na recepção da obra de Lacan fora do círculo psicanalítico, uma vez que no limiar dos anos 1960, apenas raros

---

2 A respeito do encontro *histórico* entre Althusser e Lacan e do encontro *teórico*, no começo dos anos 1960, entre o pensamento lacaniano e o círculo intelectual constituído em torno de Louis Althusser, cf. em particular E. Roudinesco, *La Bataille de Cent Ans. Histoire de la Psychanalyse en France*, II. Paris: Le Seuil, 1986, parte III, cap. 1, p. 384-414. [E. Roudinesco. *História da Psicanálise na França: a Batalha de Cem Anos*. V. II, Rio de Janeiro: Jorge Zahar Editora, 1988]. Cf. igualmente, E. Roudinesco, *Jacques Lacan. Esquisse d'une Vie, Histoire d'un Système de Pensée*, Paris, Fayard, 1993, parte VII, cap. I, p. 383-402. [E. Roudinesco. *Jacques Lacan, Esboço de uma Vida, História de um Sistema de Pensamento*. São Paulo: Cia. das Letras, 1994, parte VII, cap. I].

filósofos, como Jean Hyppolite ou Maurice Merleau-Ponty, têm um verdadeiro conhecimento de tal obra.

Paralelamente a seu seminário de 1963-1964, Althusser prestou, desde muito cedo, homenagem pública ao trabalho de Lacan em vários textos, dentre os quais o célebre artigo "Freud e Lacan" (*Freud et Lacan*), publicado após diversas vicissitudes editoriais no número de *La Nouvelle Critique* de dezembro de 1964 a janeiro de 1965: um dos principais méritos de Lacan é o de ter afirmado a cientificidade da psicanálise, essa "ciência nova" fundada por Freud, que é "a ciência de um objeto novo: o inconsciente".[3] É também graças à intervenção de Althusser que a École Normale Supérieure acolhe, a partir de 1964, o seminário de Lacan, após ele ter sido destituído pela SFP (*Société Française de Psychanalyse* [Sociedade Francesa de Psicanálise]) do posto de analista didata, sob a injunção da IPA (*International Psychoanalytic Association* [Associação Psicanalítica Internacional]), e ser forçado a deixar Sainte-Anne. O primeiro encontro entre Althusser e Lacan ocorre algumas semanas antes, em 3 de dezembro de 1963, sob a demanda do próprio Lacan, se dermos crédito à correspondência com Franca Madonia, amiga e tradutora italiana de Althusser.[4] Alguns alunos de Althusser, dentre os quais J.-A. Miller, tornam-se, com o acordo, e até sob a impulsão de Althusser, alunos de Lacan, a ponto de se desenvolver algo que se pôde chamar de um "althussero-lacanismo", dado a ler em particular nos *Cahiers pour l'Analyse* (*Cadernos de Análise*), publicados pelo Círculo de Epistemologia da École Normale Supérieure, a partir de janeiro-fevereiro de 1966.

---

3   L. Althusser, Freud et Lacan, *La Nouvelle Critique*, n. 161-162, dezembro-janeiro 1964-1965, artigo reimpresso em *Positions*, Paris, Éd. Sociales, 1976 (p. 15 para a citação). [ALTHUSSER, Louis. *Freud e Lacan, Marx e Freud*. Rio de Janeiro: Graal, 1984, p. 55; *Positions* está publicado no Brasil como ALTHUSSER, Louis. *Posições 2*. Rio de Janeiro: Graal, 1978].

4   Carta de Louis Althusser a Franca Madonia, datada de 3 de dezembro de 1963, em *Lettres à Franca (1961-1973)*. Paris: Stock/IMEC, 1998, p. 492 [*Cartas à Franca (1961-1973)*, sem tradução].

Outros alunos e estudantes próximos de Althusser assistem ao seminário de Lacan na Rua d'Ulm, ele mesmo abstendo-se de estar presente, mas lendo e anotando o texto estenografado das conferências, ao menos no que concerne ao seminário do ano de 1964.[5] Mas, além do jogo institucional ou acadêmico, e à margem do percurso biográfico e do tratamento contínuo durante anos com René Diatkine,[6] o encontro entre Althusser e a psicanálise, o interesse mantido por Althusser à singularidade da psicanálise posta em relevo por Lacan, são, antes de tudo, de ordem teórica. É essa *dimensão teórica*, e não o aspecto biográfico e pessoal da relação de Louis Althusser com a psicanálise que constitui o desafio do presente estudo.

O pensamento de Althusser, no próprio quadro do programa geral do "retorno a Marx", se revela nutrido de psicanálise, constitutivamente marcado pela dupla referência a Freud e a Lacan leitor de Freud. Não seria o próprio Freud parte de "esses poucos raros" de quem Althusser "reverencia o nome", ao lado de Espinoza, Marx e Nietzsche, os quais puderam "levantar essa camada

---

5 A correspondência com Franca Madonia se revela uma fonte preciosa de informações sobre as relações entre Althusser e Lacan durante esse período, que é ainda o da redação de "Freud e Lacan". Assim, de acordo com a carta de 31 de janeiro de 1964: "Estou escrevendo um pequeno artigo sobre Lacan, a fim de começar a lhe tornar conhecido. As coisas com ele vão muito bem. Ele assimilou uma parte do que eu lhe disse, e está ministrando um seminário na École para 280 pessoas (entre eles, cerca de vinte *Normaliens* que vigiam e orientam sua evolução, lhe fazendo questões etc.). Eu não vou lá: é melhor assim, em todos os aspectos. Saber ficar nos bastidores" (*Lettres à Franca*, p. 517). Em 28 de fevereiro de 1964, Althusser escreve "[...] atualmente eu sofro terrivelmente com Lacan, sobre alguns pensamentos que eu gostaria de fazer saírem de seu esconderijo histórico; eu estou sozinho, eu lhes digo sim, sei que eu tenho aqui algo que me vem da realidade que eu interrogo: foi ela que me deu a questão que proponho a ela (...)" (Ibid., p. 527). Segundo a carta de 25 de outubro de 1964: "Li o texto datilografado (estenografado) das conferências que Lacan fez aqui, enquanto estava na casa de Épinay. Pouco compreendi, longe disso, mas enfim, alguma coisa de vez em quando... Li com o lápis na mão, anotando, anotando, anotando (...)" (Ibid., p. 566).
6 Quanto a essa dimensão biográfica, cf. L. Althusser. *L'Avenir Dure Longtemps*. Paris: Stock/IMEC, 1992, cap. XI e XII, p. 107-151 [Trad. bras.: ALTHUSSER, Louis. *O Futuro Dura Muito Tempo*. São Paulo: Cia. das Letras, 1993]. Cf. igualmente as cartas de Louis Althusser ao seu psicanalista, René Diatkine (*Lettres à D*, sem tradução), nos *Écrits sur la Psychanalyse*. Paris: Stock/IMEC, 1993, p. 55-110 [*Escritos Sobre a Psicanálise*, sem tradução].

enorme, essa lápide que encobre o real [...] por terem tido com ele esse contato direto que ainda queima neles para sempre"?[7] Althusser não faz mistério de sua dívida com a psicanálise, pois afirma ter tomado emprestado alguns dos seus conceitos fundamentais, como o de *sobredeterminação* ou de *causalidade estrutural.* Os conceitos em questão ocupam uma função importante no projeto de uma releitura do marxismo e do materialismo histórico que restitua sua cientificidade bem como sua originalidade teórica, releitura empreendida em particular em *Por Marx* e em *Ler O Capital.* De um modo mais radical e ainda mais sistemático, o projeto althusseriano de constituir a teoria da *ideologia* que falta ainda ao marxismo, e de substituir a velha concepção mecanicista do reflexo pela tese de uma autonomia relativa da superestrutura, reivindica expressamente uma fonte freudiana. A tese característica da a-historicidade e da eternidade, dito de outra maneira, da necessidade, da ideologia, tal como ela se encontra formulada no texto de 1970 intitulado "Ideologia e Aparelhos Ideológicos de Estado", se autoriza na referência à teoria freudiana da eternidade do inconsciente, de modo que o programa de Althusser pode se enunciar nos seguintes termos: "Propor uma teoria *da* ideologia em geral, no sentido em que Freud apresentou uma teoria *do* inconsciente em geral".[8]

Vê-se assim, que o retorno a Marx implica, ele mesmo, um retorno a Freud, e mais especificamente um retorno à hipótese original do inconsciente na obra de Freud, cujo caráter singular, de direito irredutível à psicologia, Lacan já havia sublinhado nos anos de 1950.

De fato, a referência ao trabalho de Lacan, que visa a expor, em toda a sua originalidade, os "conceitos fundamentais

---

7 Carta de 15 de fevereiro de 1964, em *Lettres à Franca*, p. 524.
8 L. Althusser. "Idéologie et Appareils Idéologiques d'État", *La Pensée*, n. 151, junho de 1970. Texto retomado em *Positions*. Paris: Ed. Sociales, 1976 (p. 101 para a citação) [Trad. bras.: *Ideologia e Aparelhos Ideológicos de Estado*. Rio de Janeiro: Graal, 1983, p. 85]. Texto doravante referido como I e AIE.

da psicanálise", baliza a obra de Althusser.⁹ Podemos localizá-la nos textos anteriores à publicação de *Por Marx* e de *Ler O Capital*. Além do artigo "Freud e Lacan", deve-se mencionar um texto intitulado "Filosofia e Ciências Humanas" (*Philosophie et Sciences Humaines*) publicado em 1963 na *Revue de l'Enseignement Philosophique*. Retomando a questão recorrente da cientificidade problemática das ciências humanas, Althusser critica em particular nesse artigo uma "ideologia empirista" postulando a existência de um "dado" na ordem da ciência, cuja variante, entre outras, é a "ideologia tecnocrática" que consiste em ocultar sob o título de *ciências humanas* o que se reduz a simples técnicas de adaptação dos indivíduos às condições sociais existentes. O exemplo escolhido é nada menos que a psicanálise norte-americana, dominada pela "psicologia do eu" (*ego psychology*), ligada aos trabalhos de Anna Freud, que parece relegar ao segundo plano a hipótese teórica do inconsciente. Ao transformar a psicanálise em uma técnica de condicionamento,

---

9   Não é fácil determinar quais foram as leituras precisas que Althusser fez da obra de Lacan. No entanto, pode-se referir utilmente à interessante "nota bibliográfica de estudos" que figura ao fim do artigo "Freud et Lacan" (*Positions*, p. 34) e que constitui, antes da publicação dos *Écrits* em 1966, uma lista de certos textos de Lacan suscetíveis de facilitar o acesso à sua obra. Essa lista menciona em particular "Le Stade du Miroir comme Formateur de la Fonction du Je" [*O Estágio do Espelho como Formador da Função do Eu*] (1949), "La Chose Freudienne" [*A Coisa Freudiana*] (1956), o relatório de Lacan no Congresso de Roma de 1953 (sob o título "La Parole et le Langage en Psychanalyse" [*A Palavra e a Linguagem em Psicanálise*]), "Remarques sur le Rapport de D. Lagache" [*Observações sobre o Relatório de D. Lagache*] (1960), "L'Instance de la Lettre dans l'Inconscient" [*A Instância da Letra no Inconsciente*] (1957), todos textos retomados e publicados posteriormente nos *Écrits*. Isso dá a entender alguma familiaridade de Althusser e do círculo althusseriano, no início dos anos 1960, com os trabalhos de Lacan, notadamente através dos artigos publicados na revista *La Psychanalyse*. Além disso, a biblioteca e os arquivos pessoais de Althusser, consultáveis no IMEC, demonstram um conhecimento em primeira mão da obra de Lacan, como sugerem Olivier Corpet e François Matheron no Anexo à sua edição dos *Écrits sur la Psychanalyse* de Louis Althusser (Paris: Stock/IMEC, 1993, p. 307-308) [sem tradução]. Esses arquivos contêm, com efeito, uma série de "notas sobre Lacan", que se referem entre outros ao "Stade du Miroir" [*Estágio do Espelho*] de 1949, à "La Chose Freudienne" [*A Coisa Freudiana*] de 1956, e a certas sessões do seminário de Lacan na ENS de 1964. Comporta igualmente as notas de leitura de obras de Freud: *L'Avenir d'une Illusion* [*O Futuro de uma Ilusão*], e "Psychologie des Foules et Analyse du Moi" [*Psicologia de Massas e Análise do Eu*].

Althusser e a Psicanálise | 19

a partir de uma estratégia de reforço da "autonomia" do eu, a escola anglo-saxã, não somente participa da ideologia tecnocrática que é aquela da psicologia, mas, ignorando ou desconhecendo as implicações da descoberta de Freud, em particular as da segunda tópica, implica um "contrassenso radical sobre a obra de Freud, basicamente sobre o objeto da Psicanálise", e entrava a possibilidade desta de constituir-se como ciência.

Ora, precisamente, segundo Althusser, "um homem fez essa demonstração (do contrassenso quanto ao objeto da psicanálise, operada notadamente pela escola norte-americana), e se seus textos só podem ser lidos através de uma chave, eles serão lidos ou 'traduzidos', e reconhecer-se-á em breve seu mérito teórico: J. Lacan". E Althusser, ao propor, a partir desse texto de 1963, a analogia entre a descoberta de Marx e a de Freud, produz um elogio apoiado no trabalho de Lacan: "Marx fundou sua teoria sobre a rejeição do mito do *Homo œconomicus*. Freud fundou sua teoria sobre a rejeição do mito do *Homo psychologicus*. Lacan viu e compreendeu a ruptura libertadora de Freud. Ele a compreendeu no sentido pleno da expressão, tomando-a em seu rigor, e forçando-a a produzir sem trégua nem concessão, suas próprias consequências. Ele pode, como qualquer um, errar no detalhe, até mesmo na escolha das referências filosóficas, mas lhe devemos *o essencial*".[10] Nesse elogio parece estar em jogo, igualmente, conforme mostraremos mais tarde, uma analogia implícita, uma espécie de *analogia segunda*, entre a abordagem de Lacan na ordem da teoria analítica e aquela utilizada pelo próprio Althusser na ordem da teoria de Marx.

Pode-se supor, assim, que o interesse dado por Althusser ao trabalho de Lacan responde em primeiro lugar a um projeto geral

---

10 L. Althusser. "Philosophie et Sciences Humaines", Revue de l'Enseignement Philosophique, junho-julho de 1963 [*Filosofia e Ciências Humanas*, sem tradução], texto retomado no volume intitulado "Solitude de Machiavel". Paris: PUF, 1998, p. 53-54, e n. 18 [*Solidão de Maquiavel*, sem tradução].

de crítica da *psicologia*, de suas pretensões a se constituir como ciência, e de seu papel efetivo de adaptação dos indivíduos às normas sociais existentes. Tal crítica é decisiva na perspectiva althusseriana, bem como em todos os "filósofos do conceito" que se reconhecem, como Georges Canguilhem, em certa tradição epistemológica francesa e se opõem às diversas filosofias da consciência ou do sujeito. A dupla rejeição canguilhemiana da psicologia, como instrumentalismo e como pseudociência, aparece na insistência com que Althusser marca a distinção entre psicanálise e psicologia: tal é a lição de seu texto de 1963, segundo o qual, de acordo com o próprio ensino de Lacan: "não se pode acomodar a psicanálise ao behaviorismo, ao pavlovismo, ao antropologismo, ou mesmo, simplesmente, à 'psicologia'".

Todavia, além da crítica geral do psicologismo, a leitura althusseriana parece seguir desde o início as linhas de um projeto preciso, qual seja o de *tradução* para linguagem natural do trabalho de Lacan, que é também uma condição para a sua recepção em uma comunidade filosófica em ruptura com a tradição espiritualista e a tradição fenomenológico-existencialista. É isso que se destaca igualmente na primeira intervenção pronunciada por Althusser no quadro do seminário de 1963-1964 consagrada a Lacan e à psicanálise. Evocando o "fenômeno histórico" que é Jacques Lacan, a forma "gongoresca" e enigmática sob a qual ele se apresenta, Althusser afirma a existência de uma inteligibilidade subjacente à incompreensibilidade aparente da proposta lacaniana, em particular nos seminários; essa aparência de obscuridade obedeceria a fins estratégicos, que dizem respeito, em particular, à própria psicanálise, às dificuldades próprias de uma instituição cujos praticantes, na maior parte do tempo, ignoram de fato os desafios da teoria freudiana. Se a obscuridade do estilo de Lacan, associada a uma "agressividade absolutamente extraordinária" e a uma "sacanagem (maldade) esplêndida", respondem essencialmente a uma finalidade interna ao campo da instituição psicanalítica, torna-se possível extrair de sua ganga barroca um pensamento cujo alcance, através da exposição de uma teoria do inconsciente ainda largamente ocultada e não compreendida, estende-se à inteligência crítica das chamadas "ciências humanas" e até da própria filosofia. Assim se concebeu a palavra de ordem lançada por Althusser, "*traduzir Lacan*": esse programa de tradução parecia indispensável à resolução do problema propriamente filosófico da relação de direito existente entre "a psicanálise" e "o mundo das Ciências humanas", o que supõe notadamente, uma "definição teórica consequente, rigorosa, válida, da psicanálise", a qual é precisamente dada por Lacan.[11] De um modo mais geral, para Althusser, a inteligência do "mundo" das ciências humanas implica dois requisitos, a compreensão das "consequências teóricas da problemática inaugurada por Marx", e a compreensão da essência da psicanálise. Novamente aqui, está em jogo o paralelismo entre o imperativo do retorno a Marx e o do retorno a Freud.

Portanto, a questão da psicanálise como teoria, de sua essência e de seu objeto enquanto ciência, interessa diretamente, poderíamos dizer, aos teóricos do marxismo; interessa também aos filósofos desejosos em romper com a tradição do positivismo bem como com a corrente espiritualista marcada pela filosofia de Bergson, e igualmente, se acreditarmos em Althusser, com uma tradição fenomenológica francesa encarnada por Sartre e por Merleau-Ponty (Merleau-Ponty cujos trabalhos, porém, possuem aos olhos de Lacan uma importância incontestável). Assim pode-se compreender a injunção althusseriana de trabalhar no retorno a Freud e na interpretação dos textos de Freud promovidos por Lacan.

Se a relação teórica de Althusser com a psicanálise merece, portanto, um exame aprofundado, na exata medida em que ela

---

11 L. Althusser. *Psychanalyse et Sciences Humaines.* 1re Conférence, p. 67-72.

implica uma parte determinante de seu programa de pesquisa, notadamente no que concerne à questão da ideologia relacionada à do inconsciente, deve-se justificar, sem dúvida, rapidamente a importância particular concedida nesta obra à confrontação entre a obra de Althusser e a de Lacan. De fato, notamos que Althusser reconhece uma dívida para com o trabalho de Lacan, esse retorno à *teoria* freudiana que realça o caráter revolucionário da hipótese do inconsciente. Se levarmos em consideração a breve narrativa proposta pelo próprio Althusser a respeito de seu encontro com a psicanálise,[12] vemos que o desvio por Lacan foi determinante na sua compreensão dos desafios específicos da teoria freudiana. Althusser certamente leu os textos de Freud bem antes de conhecer os trabalhos de Lacan, textos aos quais chegou, diz ele, pelo viés de Sartre e de Merleau-Ponty, e principalmente por intermédio do trabalho de Georges Politzer, *Critique des Fondements de la Psychologie* (*Crítica dos Fundamentos da Psicologia*), de 1928, trabalho fundamental para a recepção na França da obra de Freud, em particular no campo da filosofia. É, portanto, através da tradição fenomenológica da filosofia francesa, ela mesma profundamente marcada pela "psicologia concreta" de Politzer, que Althusser inicialmente encontrou a teoria freudiana. Retomando a lição de Politzer, segundo a qual a verdadeira psicologia não é esta teoria abstrata fundada sobre o "preconceito da alma", recusado por Freud, Althusser tinha, portanto, num primeiro momento, chegado àquilo que ele chamou de uma "síntese pessoal", enunciada nos seguintes termos: "A psicologia [...] que é a pesquisa de si no domínio das ciências humanas já existe, mas a psicologia não sabe disso. A psicologia foi fundada e ninguém percebeu. Ela foi fundada por Freud. Basta, portanto, que a psicologia atual tome consciência de que sua essência foi definida por Freud para que ela se constitua,

---

[12] Ibid., p. 21-41.

para que ela tome consciência e extraia as consequências. [...] Dito de outra maneira, isso tomaria uma forma divertida: o objeto da psicologia é o inconsciente. É somente definido por essa essência, o objeto da psicologia como o inconsciente, que a psicologia pode se desenvolver".[13]

O que Althusser dá a entender aqui, é o caráter insustentável, até privado de sentido, dessa primeira síntese pessoal de obediência politzeriana que, postulando uma certa continuidade da psicologia à psicanálise, ignorava precisamente a diferença essencial entre o objeto da primeira e o objeto da segunda. Foi preciso esperar a lição de Lacan, ao que parece, para que se dissipasse a miragem de uma espécie de transformação ou de transmutação da psicologia em direção a uma forma científica finalmente acabada, ou seja, para que se encontrassem postas e pensadas em toda a sua radicalidade a "ruptura" epistemológica promovida por Freud diante da psicologia, e a fundação de uma ciência nova que identifica a essência do psíquico ao *inconsciente*, conceito freudiano cuja irredutibilidade à noção de consciência (mesmo que no registro da negação) e ao campo ideológico do qual essa noção participa, Lacan demonstra. Um dos principais méritos de Lacan, enfatiza Althusser, é o de ter operado a *transformação teórica* de conceitos ainda impregnados de ideologia, ou importados de disciplinas outras, como a biologia de inspiração darwiniana, ou a teoria energetista em física, conceitos importados que ainda marcam a terminologia de Freud, em "conceitos domésticos", verdadeiramente adequados à originalidade da ciência que ele inaugurou. Novamente, a descrição da estratégia lacaniana soa como um eco do projeto althusseriano de fornecer à teoria de Marx, no quadro da descoberta do continente História, os conceitos que ainda lhe faltam, e, assim, remover da obra de Marx os vestígios de uma antiga

---

13 Ibid., p. 40-41.

terminologia que mascaram a extensão de sua revolução teórica e o *corte* que ela induz frente à dialética hegeliana, ao humanismo filosófico ou ainda à economia política clássica.

Portanto, o objetivo principal desta obra diz respeito à recepção por Althusser da "descoberta de Freud" – tal como foi teorizada em particular por Lacan – e sua reelaboração de conceitos herdados da psicanálise, no quadro específico do "retorno a Marx", entre o início dos anos 1960 e o fim dos anos 1970. Trata-se, então, em primeiro lugar, de reinterrogar sob o prisma da teoria psicanalítica alguns conceitos importantes da obra de Althusser dessa época, como os de "leitura sintomal", de "sobredeterminação", ou ainda de "causalidade estrutural". Parece-nos que, sobretudo nessa perspectiva, é possível compreender melhor a singularidade do projeto althusseriano de constituição de uma *teoria da ideologia* no cruzamento do marxismo e da psicanálise. Se essa teoria da ideologia tende a preencher uma falta na própria filosofia de Marx, ela se articula expressamente a uma teoria do inconsciente, e seu horizonte é o de uma problematização original da questão do *sujeito*, particularmente intrincada e enigmática na obra de Althusser.

1
A DESCOBERTA DE MARX
E A DESCOBERTA DE FREUD

1.1. Anti-humanismo teórico e antipsicologismo

A aproximação operada por Althusser entre marxismo e psicanálise consiste antes de tudo na constatação de uma dupla negação, reiterada repetidas vezes em sua obra: Freud rejeitou o mito do *homo psychologicus*, assim como Marx, com a crítica da economia política clássica, dissolveu o mito do *homo œconomicus*. Conforme indicamos, esse raciocínio já está exposto no texto de 1963, intitulado "Filosofia e ciências humanas". Ele conclui, também, a extraordinária homenagem à teoria freudiana do inconsciente, e o retorno a Freud proposto por Lacan, que constitui o artigo "Freud e Lacan": "Desde Marx, nós sabemos que o sujeito humano, o ego econômico, político ou filosófico, não é o 'centro' da história – sabemos até mesmo, contra os filósofos iluministas e contra Hegel, que a história não tem um 'centro', mas possui uma estrutura que apenas tem 'centro' necessário no desconhecimento ideológico. Freud nos revela, por sua vez, que o sujeito real, o indivíduo em sua essência singular, não tem a figura de um ego, centrado no 'eu' [*moi*], na 'consciência' ou na 'existência' – seja a existência do para-si, do corpo-próprio, ou do 'comportamento' –, que o sujeito humano é descentrado, constituído por uma estrutura que também tem um 'centro' apenas no desconhecimento imaginário do 'eu', ou seja, nas formações ideológicas em que ele se 'reconhece'".[1] Assim, a revolução copernicana à qual o próprio Freud comparava sua teoria da equivalência essencial do psíquico e do inconsciente, constitui uma etapa suplementar no processo de *descentramento* do sujeito humano. Esse processo teria sido iniciado por Marx com a refutação da noção de um "sujeito" da história (os homens), e dos postulados da economia política clássica, em particular da representação de um homem *sujeito de necessidades* como princípio explicativo fundamental da atividade econômica. O autor de *O capital*, com efeito, revelou o caráter ideológico de uma "*antropologia* [...] *que fundamenta no homem sujeito de necessidades (o dado do* homo œconomicus*) o caráter econômico dos fenômenos do seu espaço*".[2] Essa é uma das lições da "imensa revolução teórica de Marx", que consiste em estabelecer o primado de uma *estrutura* global, definida pelo modo de produção (unidade das forças produtivas e das relações de produção) nas próprias constituição e determinação dos fenômenos econômicos, contra a ideologia empirista-positivista que afirma a existência de um dado elementar, o sujeito humano de necessidades, ou *homo œconomicus*. Semelhante revolução teórica entra em singular ressonância com a revolução freudiana que, desde *A Interpretação dos Sonhos*, revelando o caráter periférico ou secundário da consciência, induz uma ruptura decisiva com a psicologia como ciência do eu [*moi*], articulada ao primado da consciência.

---
1   L. Althusser, "Freud et Lacan", em *Positions*, p. 33-34.
2   L. Althusser. "L'objet du 'Capital'" em L. Althusser, É. Balibar, R. Establet, P. Macherey, J. Rancière. *Lire le Capital* (1965). Paris: PUF, 1996, p. 369 ["O objeto de 'O capital'" em L. Althusser, É. Balibar, R. Establet, P. Macherey, J. Rancière, *Ler O Capital*. v. 2. Rio de Janeiro: Zahar Editores, 1980, p. 110].

Em uma carta a Lacan datada de 26 de novembro de 1963, redigida no início do mesmo ano do seminário que ele organizou na ENS sobre a psicanálise, Althusser já propõe a tese da analogia entre essas duas revoluções teóricas. Ele parece inclusive sugerir que a descoberta de Marx funda e autoriza de algum modo a de Freud, precisando que o trabalho que ele próprio desenvolveu sobre a teoria de Marx foi a condição de sua compreensão do sentido do retorno a Freud proposto por Lacan.³ A desqualificação teórica da *psicologia*, que ele apresenta sob a forma de uma ciência da alma, de uma ciência do eu ou de uma ciência do comportamento, constitui certamente um eixo determinante da releitura de Freud proposta por Lacan, a partir do pós-guerra. Ela é indissociável do combate conduzido contra a *ego psychology* influente entre as principais correntes da psicanálise norte-americana. Recorda-se aqui que a psicologia do eu procede em particular de certa leitura da segunda tópica, isto é, da teoria da constituição do aparelho psíquico segundo as instâncias do isso, do eu e do supereu. É essa teoria que Freud substitui, a partir dos anos de 1920 e da publicação de "Além do Princípio do Prazer" (1920) seguida de "O Eu e o Isso" (1923), à primeira representação dos sistemas Inconsciente, Pré-consciente, Consciente em *A Interpretação do Sonhos*, para a caracterização do psiquismo humano. Os defensores da psicologia do eu, notadamente após Anna Freud, compreendem a segunda tópica freudiana como um recentramento da teoria do *eu*, e concebem, consequentemente, a técnica do tratamento psicanalítico em função deste eu, cujas resistências devem-se analisar enquanto trabalha-se para o seu fortalecimento.

Ora, Lacan constantemente denuncia os efeitos, tanto teóricos quanto práticos, disso que constitui, segundo ele, uma incompreensão total da teoria freudiana, até mesmo uma tentativa de encobrimento e de ocultação daquilo que dá a entender a

---

3 Carta de Louis Althusser a Jacques Lacan, datada de 26 de novembro de 1963, em *Écrits sur la Psychanalyse*, p. 273-274.

segunda tópica. O que isso implica nesse caso é uma definição singular do sujeito, não mais como sujeito-eu, mas como *sujeito do inconsciente*, que Lacan designa igualmente como "sujeito do significante", sujeito assujeitado à ordem simbólica de um discurso que é fundamentalmente discurso do Outro. Assim, pode-se ler em "A ciência e a verdade", lição de abertura do seminário na ENS de 1965-1966, que a segunda tópica não é da ordem de uma "certificação de aparelhos", mas representa antes uma "retomada da experiência segundo uma dialética que se define, no melhor dos casos, como isso que o estruturalismo, a partir de então, permitiu elaborar logicamente: a saber, o sujeito, e o sujeito tomado em uma divisão constitutiva".[4] A caracterização lacaniana original do sujeito da psicanálise como *sujeito da ciência*, tal como Descartes o havia definido no contexto teórico da revolução científica moderna, isto é, como puro correlato da ciência, puntiforme e sem profundidade, proíbe sua identificação tanto com o indivíduo biológico quanto com o sujeito da "evolução psicológica". Assim se propaga uma crítica radical dessa "psicologização do sujeito" presente nas instâncias dominantes (na IPA em particular) da própria psicanálise, que poderia conduzi-la, em um movimento singular de regressão, aquém da descoberta de Freud. De modo notável, essa crítica, que comanda toda a abordagem lacaniana, se duplica em uma determinação não humanista do conceito de sujeito. Se o verdadeiro sujeito sobre o qual opera a psicanálise não é outro senão o puro sujeito da ciência, então "toda referência humanista" torna-se "supérflua" na ordem da teoria freudiana do inconsciente. Pode-se inferir, de modo mais geral, que "não há ciência do homem, porque o homem da ciência não existe, mas somente

---

4 J. Lacan, "La Science e la Verité". In: *Écrits*. Paris: Le Seuil, 1996, p. 856. Este texto apareceu originalmente no primeiro volume dos *Cahiers pour l'Analyse* (janeiro-fevereiro, 1996), publicados pelo Círculo de Epistemologia da École Normal Supérieure.

seu sujeito".⁵ Essa desqualificação do próprio projeto das "ciências humanas", à medida em que elas se comprometem com um humanismo teórico, acompanha, pois, a recusa da psicologização do sujeito, e soa como um eco da crítica canguilhemiana da psicologia, como evidencia, de resto, a referência explícita em "A ciência e a verdade", ao célebre artigo intitulado "Psychologie".⁶ Esse artigo de Georges Canguilhem, publicado em 1958 na *Revue de Métaphysique et de Morale*,⁷ constitui uma espécie de modelo de rejeição à psicologia, sob o duplo aspecto epistemológico e prático; é uma rejeição de tal ordem que comanda igualmente, nos anos 1960, os trabalhos de Althusser e de Lacan, e que alimenta mais amplamente a análise crítica da cientificidade reivindicada pelas ditas *ciências humanas*. A psicologia é denunciada por Canguilhem, ao mesmo tempo como prática instrumentalista que visa à adaptação dos homens-ferramentas ao "meio sociotécnico", e como "ciência", que fracassa precisamente em seu projeto de se constituir como ciência, impedida tanto pela opacidade de seu objeto como de seu método. A equivocidade do estatuto da psicologia, sua cientificidade usurpada, mesmo que ela tenha se constituído em ruptura com a filosofia, a reduzem na maior parte do tempo, de fato, a uma "filosofia sem rigor", a uma "ética sem exigência", a uma "medicina sem controle".⁸ Dividida entre uma ciência do significado interno e uma ciência do comportamento, surgida, como "ciência do sujeito pensante", de um contrassenso a respeito do *Eu penso* cartesiano, a psicologia carece de unidade conceitual. Mas essa opacidade epistemológica tem também por correlato um

---

5 Ibid., p. 857-859.
6 Ibid., p. 859.
7 Georges Canguilhem, "Psychologie", 1958, artigo retomado em *Études d'Histoire et de Philosophie des Sciences* (1968). Paris: Vrin, 1994, p. 365-381. Note-se que esse artigo foi igualmente retomado e publicado no volume 2 (maço-abril 1996) dos *Cahiers pour l'Analyse* sob o título "Qu'est-ce Que la Psychologie?" [O Que é a Psicologia?].
8 Ibid., p. 366.

instrumentalismo técnico, que faz da psicologia, em particular na sua versão behaviorista, uma técnica de adaptação ao meio social através do seu papel de conhecimento e de avaliação dos indivíduos no quadro da repartição de tarefas e da divisão social do trabalho. Assim, o psicólogo, em sua prática, caracteriza-se por "uma boa consciência dirigista, uma mentalidade de gerenciador de relações do homem com o homem".⁹ Esse último veredicto encontra uma ressonância evidente no artigo de Althusser de 1963 que citávamos na introdução, "Filosofia e Ciências Humanas", artigo que saudava a estratégia lacaniana de separação entre a psicanálise e a psicologia. Mas ele é dado a ouvir também em uma exposição de Lacan, igualmente datada de 1963, mais exatamente de 20 de novembro de 1963. Trata-se da primeira e única sessão do seminário sobre "Os Nomes do Pai", que ele planejava ministrar, no ano de 1963-1964, em Sainte-Anne, e que foi interrompido pela "excomunhão" que conduziu Lacan à rua d'Ulm sob o convite de Althusser. Denunciando nesse texto o "efeito de obscurantismo" produzido pelo pressuposto positivista de uma psicologia que reduz a inteligência humana a um simples "afeto entre outros", segundo uma perspectiva evolucionista que não a distingue fundamentalmente da inteligência animal, Lacan afirmava: "Sabe-se onde esse efeito resulta – em tentativas mais e mais intencionais de uma tecnocracia, na calibragem psicológica dos sujeitos desempregados, na entrada nos quadros da sociedade existente com a cabeça curvada sob a calibragem do psicólogo". E ele acrescentava: "Eu digo que o sentido da descoberta de Freud é, diante disso, o de uma oposição radical".¹⁰ Nota-se, no entanto, que no caso de Lacan, a crítica da psicologia, notadamente da experimental, não parece seguir *diretamente* aquela de Canguilhem,

---

9 Ibid., p. 379.
10 J. Lacan."Introduction aux Noms-du-Père". *Des Noms-du-Pére*. Paris: Le Seuil, 2005, p. 73 [*Os nomes-do-pai*].

mas também a precede amplamente, já que ela se encontra a partir de 1953, no Relatório do Congresso de Roma que denunciava a deriva da escola norte-americana de psicanálise, sua inflexão "rumo à adaptação do indivíduo ao círculo social".[11] O antipsicologismo defendido por Lacan, sua crítica radical à representação de um sujeito psicológico, apoiam assim um anti-humanismo do qual Althusser, no quadro do marxismo, é o principal teórico, mas do qual Lacan, na exposição de 1963 anteriormente citada, se faz também um defensor. Conforme já apontamos, Althusser partilha plenamente do combate antipsicologista de Lacan, na medida em que ele mesmo se inscreve numa tradição espinosista reativada na França, no século XX, por Georges Canguilhem, e, antes dele, por Jean Cavaillès: ao fim de *Sobre a lógica e a Teoria da Ciência*, este conclama para a constituição de uma "filosofia do conceito" oposta à "filosofia da consciência".[12] Mas a crítica do sujeito psicológico vem igualmente reforçar a crítica, inaugurada por Marx, do "'cogito' econômico" que faz do indivíduo o "sujeito elementar de produção que os mitos do século XVIII imaginavam na origem do desenvolvimento econômico da sociedade";[13] isto é, de maneira mais geral, a crítica do *individualismo teórico* próprio dos autores da economia política clássica, como Smith e Ricardo. Da mesma forma que o Eu não é mais a fonte e nem mesmo o substrato de representações e de volições sobre as quais ele exerceria seu império por intermédio da consciência, o homem, o sujeito humano individual não é o princípio e nem a origem da

---

11 J. Lacan. "Fonction et Champ de la Parole et du Langage en Psychanalyse" (1953). *Écrits*, p. 245-246 [*Função e Campo da Palavra de da Linguagem em Psicanálise*].
12 "Não é uma filosofia da consciência, mas uma filosofia do conceito que pode criar uma doutrina da ciência. A necessidade geradora não é aquela de uma atividade, mas de uma dialética" (J. Cavaillès. "Sur la Logique et la Théorie de la Science"(1947). *Œuvres Completes de Philosophie des Sciences*. Paris: Hermann, 1994, p. 560) [*Obras Completas de Filosofia das Ciências*].
13 L. Althusser. *Pour Marx*. Paris: François Maspero, 1965; "Sur la Dialectique Matérialiste", 4. Paris: La Découverte, 2005, p. 201 [L. Althusser. *Análise Crítica da Teoria Marxista*. Rio de Janeiro: Zahar Editores, 1967; "Sobre a Dialética Materialista", p. 172].

atividade econômica. Marx, na perspectiva original do materialismo histórico, mostra que os homens não são os sujeitos elementares da produção, nem mesmo os *sujeitos da história* em geral. A tese de Marx segundo a qual toda a história das sociedades humanas é "a história da luta de classes", para retomar a fórmula do *Manifesto do Partido Comunista*, representa um elemento determinante na crítica das filosofias da história tradicionais. Se seguirmos a leitura específica produzida por Althusser, estão invalidadas de fato as concepções humanistas, pré-científicas, do processo histórico. Se a luta de classes é o verdadeiro motor da história, não são "os homens", nem mesmo as massas, que fundam a história, ou que são os *sujeitos* da história. Assim, pode-se compreender a concepção marxista da história como *processo sem sujeito*, cujo caráter revolucionário consiste em "livrar-se da ideologia burguesa do 'homem' como sujeito da história, *livrar-se do fetichismo do 'homem'*";[14] ela implica nesse sentido, a rejeição do humanismo filosófico.

O anti-humanismo *teórico*, a rejeição do uso filosófico da categoria de "homem", revela-se ligada à crítica geral da categoria de *"sujeito"*, seja o sujeito psicológico (o "eu"), o sujeito da história, ou o próprio sujeito do conhecimento. Ora, a reivindicação desse anti-humanismo atravessa a obra de Althusser e permanece inalterada apesar das inflexões de seu percurso intelectual, as quais concernem particularmente ao estatuto da filosofia, ou à compreensão da noção de "corte epistemológico". Encontra-se essa reivindicação em jogo, de maneira muito evidente, na obra de 1965, *Por Marx*, cujo objeto principal é a demonstração da especificidade absoluta da teoria de Marx, sob as duas formas, a do materialismo histórico e a do materialismo dialético. Trata-se em seguida de expor a irredutibilidade do marxismo tanto à dialética hegeliana regida por

---

14 L. Althusser. *Réponse à John Lewis*. Paris: François Maspero, 1973, p. 31-32 [L. Althusser. *Posições 1*. Rio de Janeiro: Graal, 1978, p. 29].

uma concepção idealista da "totalidade", quanto a um humanismo que ainda marca os trabalhos do "jovem Marx", isto é, as obras de Marx anteriores à ruptura introduzida por *A Ideologia Alemã*, em 1845. Essa ruptura é compreendida principalmente como uma ruptura com a filosofia herdada de Feuerbach, isto é, com o humanismo filosófico e o recurso à noção abstrata de "Homem", que no contexto feuerbachiano não permite, segundo Marx, compreender "os homens nas suas relações sociais determinadas, nas suas condições de vida atuais que fazem deles o que eles são".[15] A originalidade da leitura de Marx feita por Althusser, que lhe vale a sua celebridade súbita no contexto intelectual francês dos anos 1960, sustenta-se, portanto, como se sabe, em uma demarcação estrita entre as obras do jovem Marx, por exemplo, os *Manuscritos de 1844*, e as obras de sua maturidade científica, sobretudo *O Capital*. E essa demarcação se dá a entender como a linha de clivagem que separa uma filosofia fundada sobre a categoria de "O Homem" (em particular a determinação feuerbachiana da alienação da essência humana), de uma *ciência* da história e das formações sociais liberada desta última categoria e fundada sobre conceitos completamente diferentes.

Mas de maneira notável, a posição anti-humanista perdura para além do trabalho desenvolvido por Althusser nos anos 1960, e não se verá jamais negada como tal. A tese anti-humanista, em sua própria radicalidade, e para além de seu caráter deliberadamente provocador na luta interna ao campo filosófico, se encontra renovada, por exemplo, na ocasião da "defesa de Amiens" de 1975. Ao retraçar, no quadro da apresentação de seus trabalhos para a obtenção do doutorado, seu percurso intelectual desde o pós-guerra, Althusser qualifica como tese *séria* e *precisa* seu próprio anti-humanismo, ao título de anti-humanismo fundamentalmente *teórico*, em resposta ao concerto de protestos

---

15 K. Marx e F. Engels, *A Ideologia Alemã*, 1845, I, A, em K. Marx. *Œuvres*, III. *Philosophie*. Paris: Gallimard, 1982, p. 1080 (Bibliotèque de la Pléiade).

e indignações que suscitou esta tese, não somente na esfera da "ideologia burguesa e social-democrata", mas até no seio do movimento operário internacional.[16]

O que significa então, nesta perspectiva, a crítica althusseriana do humanismo, ou, mais exatamente, a crítica marxiana do humanismo para Louis Althusser?

Em primeiro lugar, tal crítica não se dirige a um certo *discurso* de obediência humanista que exige a derrubada da alienação religiosa e política dos homens; a tal discurso, Althusser presta homenagem, precisando que enquanto discurso político ele "possuía sua grandeza". É preciso, então, medir o alcance do caráter estritamente teórico de tal crítica, que objetiva dissociar rigorosamente a *teoria* de Marx, e os conceitos que ela mobiliza, da tradição propriamente filosófica do humanismo. Essa tradição filosófica configura o adversário – adversário, em primeiro lugar, interno – do pensamento marxiano. Tal adversário assombra os primeiros trabalhos de Marx, impregnados dos conceitos de alienação e de essência humana, como testemunham os *Manuscritos de 1844*, antes da virada operada por *A Ideologia Alemã* em 1845, "obra do corte" na medida em que através dela Marx rompe oficialmente com sua antiga consciência filosófica, em particular feuerbachiana, mas obra ambígua, ainda marcada pela problemática e pela terminologia de que ele pretende se libertar – é o que sugere o lugar concedido nesse texto ao conceito de *indivíduo*.

Mas de maneira geral, é em ruptura com a categoria filosófica de homem que se elaboram os conceitos determinantes de *O capital*, mobilizados para a explicação científica do processo histórico e das formações sociais: tal como os conceitos de relações de produção e de luta de classes. Não é, então, somente o individualismo que se encontra recusado na concepção marxiana da maturidade, segundo a qual a sociedade *não é* composta

---

[16] L. Althusser. "Soutenance d'Amians", *La Pensée*, n. 183, outubro de 1975, em *Positions*, p. 159.

de indivíduos, o que implica que os homens não são o princípio soberano de um contrato social hipotético ou da divisão social do trabalho, mas os "suportes" de funções econômicas e sociais já instituídas; é igualmente seu correlato filosófico, o humanismo, que faz dos homens *sujeitos*, sujeitos religiosos, sujeitos políticos, sujeitos jurídicos, sujeitos morais e, também, sujeitos econômicos. Em definitivo, "o que está em jogo", para Althusser, é "a pretensão *teórica* de uma concepção humanista de explicar a sociedade e a história, partindo da essência humana, do sujeito humano livre, sujeito de necessidades, do trabalho, do desejo, sujeito da ação moral e política". E ele pontua, como que em um eco à declaração de Lacan segundo a qual a descoberta de Freud se deu em "oposição radical" aos postulados fundamentais da psicologia: "Eu sustento que Marx não pôde fundar a ciência da história e escrever *O Capital* senão com a condição de romper com a pretensão *teórica* de todo humanismo de tal gênero".[17] Assim se concebeu a questão epistemológica que Althusser nomeou igualmente "o *a*-humanismo teórico de Marx".[18] Na análise crítica que propõe do humanismo filosófico e de sua pretensão teórica, Althusser reserva, pois, um lugar singular a Ludwig Feuerbach, o autor de *A essência do cristianismo*, cuja obra lhe é familiar, tendo ele inclusive traduzido e publicado como coletânea alguns de seus textos.[19] A filosofia feuerbachiana propõe particularmente uma análise célebre do fenômeno religioso e da alienação que ele implica, e demonstra-se

---

17 Ibid., p. 165. A propósito do "corte" teorizado por Althusser entre os trabalhos do jovem Marx e a obra da maturidade, corte se opera a partir desta obra de virada que é *A Ideologia Alemã*, cf. em particular, em *Pour Marx*, a segunda parte do prefácio (p. 23-32) e o capítulo II, "Sobre o Jovem Marx" (p. 47-83).
18 L. Althusser. "A Querela do Humanismo" [1967]. *Écrits Philosophiques et Politiques*, II. Paris: Stock/IMEC, 1995, p.447.
19 Ludwig Feuerbach. *Manifestes Philosophiques. Textes choisis (1839-1845)*. Tradução e apresentação de L. Althusser. Paris: PUF, 1960. Althusser, além disso, publicou na coleção "Théorie" que ele dirigiu na François Maspero a tradução feita por Jean-Pierre Osier de *A Essência do Cristianismo* de Ludwig Feuerbach, tradução publicada em 1968.

completamente comandada pelo conceito de Homem. Para essa análise, a essência genérica do Homem se encontra de algum modo projetada e objetivada em um outro mundo, o mundo abstrato e transcendente da religião. Os atributos essenciais do homem, por um mecanismo de inversão característico da alienação, referem-se a um Outro absoluto, Deus, que na verdade é apenas o "si do homem *exprimido*";[20] de modo que os homens, através do culto que eles consagram à divindade e do assujeitamento em que eles se encontram, *desconhecem* que o objeto de sua adoração e de sua crença não é nada além de sua própria essência, reificada. Para Althusser, a tematização feuerbachiana da alienação faz intervir um par conceitual fundamental, *sujeito* e *objeto*. Com efeito, a alienação assim concebida mobiliza um traço característico do homem, que consiste em tomar sua própria essência como objeto, nesse jogo de espelhos que define a consciência de si e a reflexividade. A *relação especular* entre o sujeito e o objeto se enuncia, sobretudo, no axioma geral segundo o qual o objeto a que se refere um sujeito resulta da objetivação da própria essência desse sujeito.[21] No caso específico do homem, esta relação especular tem os traços da consciência de si, posto que a religião, que representa o traço característico da humanidade consiste antes de tudo na objetivação do sujeito humano, de sua essência.

Para descrever a relação entre o sujeito e o objeto, esse "espelho do sujeito" em que este último se exterioriza e simultaneamente desconhece a si mesmo, Althusser recorre à metáfora espacial do centro e do "ambiente circular": a estrutura típica dessa relação sujeito-objeto é compreendida como uma relação da "essência com o fenômeno", em outros termos, "uma relação na qual o centro é constituído pelo sujeito constituinte, de

---

20 Ibid., p. 96.
21 A propósito da leitura por Althusser da teoria da alienação desenvolvida por Feuerbach, do modo como ela mobiliza a relação especular do sujeito e do objeto, cf., igualmente o texto intitulado "Sobre Feuerbach", 1967, retomado em Écrits *Philosophiques et Politiques*, II, p. 172-244 (em particular as páginas 176, 228).

onde emana um espaço de objetos concêntricos ao seu centro, objetos que objetivam a essência desse sujeito ou desse ser, que é, pois, o sujeito constituinte".[22] A esta concepção de um sujeito *centro* e de um *sujeito constituinte*, a esse modelo especular da subjetividade, Althusser oporá, depois de Lacan, a figura do sujeito descentrado e assujeitado, do mesmo modo que ele recusará "a tese do primado teórico e prático da consciência" própria ao humanismo filosófico de Feuerbach.

O recurso às categorias filosóficas de *sujeito* e de *objeto* constitui, consequentemente, um dos principais pontos da crítica althusseriana ao humanismo e, mais particularmente, ao materialismo antropológico proposto por Feuerbach. A teoria feuerbachiana não representa, definitivamente, mais do que o último elo de uma longa corrente filosófica, cujo ponto de partida, afirma Althusser, é a "grande tradição da filosofia clássica". O pensamento dos séculos XVII e XVIII, marcado em particular pelas doutrinas de Descartes e de Locke, institui, com efeito, o conceito filosófico de sujeito definido segundo várias modalidades: *sujeito do conhecimento* de um lado, *sujeito da ação* de outro, assim como o sujeito moral, considerado causa livre das suas ações, o sujeito político, o sujeito jurídico, ou ainda o sujeito econômico. Althusser, em várias ocorrências de sua obra, estabelece uma correlação singular entre a ideologia jurídica burguesa do sujeito, o sujeito da propriedade e do livre contrato, tal como advém na época moderna, e uma certa elaboração propriamente filosófica desta categoria jurídica de sujeito, naquilo que ele denomina às vezes, a partir dos anos 1970, "filosofia burguesa"; filosofia de que Descartes, com a tematização do *ego cogito* como "sujeito da verdade" ou "sujeito da objetividade", seria uma figura tutelar.[23] Se esta elaboração filosófica do sujeito

---

22 L. Althusser, "Sobre Feuerbach", p. 181
23 Cf. a esse propósito a 2ª Conferência da coletânea *Psychanalyse et Sciences Humaines*, p. 106-107 e 115-119. No que concerne mais particularmente à "filosofia burguesa", que

pensante responde a uma problemática específica, que não se confunde, por exemplo, com aquela da psicologia, se ela não é o simples e direto produto da ideologia jurídica burguesa, ela parece se estabelecer, contudo, em concomitância com esta última. Ela instaura, além disso, um modelo singular de processo de pensamento, sob a jurisdição de um sujeito pensante; é a esse modelo que Althusser opõe o modelo de "processo sem sujeito", considerado no próprio processo de conhecimento. Ao fazer isso, localiza-se na linha do "anti-cartesianismo resoluto de Spinoza" que, foi o primeiro a produzir, no próprio coração da idade clássica, a crítica do *ego cogito*.[24] De qualquer maneira, parece que Feuerbach, na filosofia alemã pós-hegeliana do século XIX, não faz mais do que reunir, sob a categoria única de Homem, as múltiplas determinações do sujeito postas pela filosofia clássica, como se esta já reivindicasse discretamente esse humanismo teórico do qual a filosofia feuerbachiana seria a cristalização.[25] Esta continuidade subterrânea da filosofia clássica do sujeito com o humanismo é tão decisiva que Althusser descreve a concepção feuerbachiana da religião, referida ao registro da consciência de si e da alienação como um *"cogito cartesiano"*; cogito cujo objeto *"não é mais o pensamento, mas a religião"*, cogito que certamente leva em conta a dimensão da história e desse "objeto cultural" que é a religião, mas que mantém a equivalência clássica fundamental da *"consciência de si"* e da *"essência humana"*.[26] O anti-humanismo teórico, a esse respeito, vincula-se incontestavelmente à luta movida contra a tradição das filosofias da consciência ou do sujeito, na própria medida em

---

para Althusser se constitui a partir do século XIV "sobre o fundo da ideologia jurídica do Sujeito", cf. "Sur Spinoza". *Éléments d'Autocritique*, 4. Paris: Hachette Littératures, 1974, p. 73. Trata-se, também, da "grande tradição idealista da filosofia burguesa", identificada com uma *"filosofia da 'consciência'"*, no texto de Althusser intitulado "Sur Marx et Freud", 1977, retomado nos *Écrits sur la Psychanalyse*, p. 233.
24 Cf. L. Althusser, *Éléments d'autocritique*, 4, p. 73-75.
25 Cf. L. Althusser, "Soutenance d'Amiens", em *Positions*, p. 163.
26 L. Althusser, "Sur Feuerbach", p. 191-193.

que se inscreve no quadro geral da crítica dos conceitos filosóficos de *dado*, de *sujeito*, de *origem*, de *fim* ou de *ordem*, conceitos que Althusser considera, além disso, como possuindo um papel importante na tradição da economia política clássica recusada pela descoberta científica de Marx.[27]

1.2. Um retorno a Marx alimentado de um retorno a Freud

Conforme observamos, Althusser estabelece uma *analogia* decisiva entre a descoberta freudiana do inconsciente e a descoberta marxiana do "continente História". Tal analogia funda, por sua vez, uma analogia segunda, entre o "retorno a Freud" empreendido por Lacan, e o "retorno a Marx" proposto por Althusser. Certamente, esta segunda analogia, que não opera somente no plano dos objetos, mas também no do método, se encontra reivindicada pelo autor de *Ler O Capital*, e não pelo dos *Escritos*; ela se autoriza, contudo, em um certo número de elementos cujo exame permite captar melhor, precisamente, a especificidade do enfoque de Althusser, em seu próprio programa filosófico.

Primeiramente, sob o aspecto mais geral, parece que a homologia de estrutura, enfatizada por Althusser, entre o retorno a Marx e o retorno a Freud pode ser compreendida ao se pôr em relevo o *corte epistemológico* mediante o qual o autor de *O capital* inaugura a ciência do materialismo histórico, corte comparável àquele produzido pelo autor de *A Interpretação dos Sonhos* para fundar a teoria do inconsciente.

O conceito de corte epistemológico, como se sabe, ocupa um lugar determinante na filosofia de Althusser, em particular na releitura que ele propõe da teoria de Marx, no prisma do "anti-humanismo teórico". Mobilizado inicialmente, na metade dos anos 1960, em *Ler O Capital*, sob a denominação de "ruptura epistemológica", e também em *Por Marx*,[28] esse

---

27 L. Althusser, "L'Objet du 'Capital'", em *Lire le Capital*, p. 371.
28 A esse propósito, cf. notadamente, em *Pour Marx*, a segunda parte do prefácio (p. 23-

conceito objetiva definir a revolução teórica própria ao autor de *O Capital*. Contrariamente ao que afirmam certas correntes do movimento operário a partir de 1920, por exemplo, na linha de Rosa Luxemburgo ou de Antonio Gramsci, o marxismo não constitui nem um humanismo, e nem mesmo um historicismo, precisamente em virtude desta "única ruptura epistemológica que o funda".[29] Rejeitando ao mesmo tempo a tradição da economia política clássica, do humanismo filosófico, e a lição idealista da filosofia de Hegel, Marx não somente fundou uma nova *ciência*, a ciência da história, mas abriu simultaneamente um "campo filosófico novo" pelo "próprio ato de sua fundação científica" exposta em *O Capital*.[30] Emprestado de Gaston Bachelard, mediante modificações teóricas não negligenciáveis, o conceito de *corte* comanda, pois, igualmente, de maneira mais geral a representação da distinção fundamental entre uma ciência constituída como tal e sua pré-história.[31] Em outros termos, o corte opera entre a ciência propriamente dita e o campo ideológico a partir do qual e contra o qual a ciência se institui, sob o modo de uma rejeição e de uma demarcação; que, todavia, não excluem a persistência da problemática ideológica, que continua a assombrar, como o Outro do qual ela deverá continuamente se desfazer, à ciência instituída.[32] No seu

---
32), e o capítulo II, "Sobre o Jovem Marx" (p. 47-83).
29 L. Althusser, "O objeto do 'Capital'", V, p. 310-311.
30 Ibid., I, p. 247.
31 A propósito do estatuto complexo da noção de *corte epistemológico* em Althusser, e das inflexões importantes que ela conhece no desenvolvimento de sua obra, cf. em particular o artigo: Étienne Balibar, "O Objeto de Althusser". In: Sylvain Lazarus (dir.). *Politique et Philosophie dans l' Œuvre de Louis Althusser*. Paris: PUF, 1993, p. 81-116. Cf. Igualmente: Pierre Cassou-Noguès. "Coupure ou Problème Épistémologique: Althusser et Desanti". In: D. Pradelle (dir.) *Penser avec Desanti*. Paris: TER, 2009.
32 Em *Pour Marx*, em 1965, Althusser convoca a categoria de corte epistemológico a fim de identificar a "*diferença específica* da filosofia marxista", o que implica o recurso à "teoria de uma história das formações teóricas [ideologia filosófica, ciência]"; sendo assim, escreveu que tomou emprestado "de G. Bachelard o conceito de '*corte epistemológico*' para pensar a mutação da problemática teórica contemporânea da fundação de uma disciplina científica" (prefácio, II, p. 23-24). Alguns anos mais tarde, em *Elementos de Autocrítica* (1974), vol-

primeiro uso teórico, o conceito althusseriano de corte, funda, assim, a teoria da distinção entre a *ciência* e a *ideologia*.

Ao identificar no autor de *O Capital* o corte como fundamento da constituição de uma ciência da história, Althusser pretende identificar e "nomear" os conceitos adequados à revolução teórica de Marx, cuja obra continua a ser marcada pelos vestígios ideológicos do velho universo conceitual (a economia política clássica, o humanismo filosófico, a teoria hegeliana da dialética). Ao fazer isso, ele renova o programa seguido por Lacan em sua leitura de Freud, que visava destacar a singularidade dos conceitos especificamente freudianos, sobretudo o conceito de inconsciente, para combater uma leitura biologizante ou psicologizante da obra de Freud notadamente fundada sobre as remanescências terminológicas no próprio vocabulário freudiano. E de fato, esse programa geral de expor, pela ênfase atribuída ao "corte", uma cientificidade ainda não plenamente manifesta, tanto no marxismo quanto na psicanálise, resulta, aparentemente, em uma partição comum, entre "escritos de juventude" e "escritos de maturidade" de ambos os fundadores. Como sabemos, Althusser traça uma linha divisória fundamental entre o "jovem Marx" feuerbachiano e o Marx de *O Capital*. Lacan, por sua vez, insiste sobre a ruptura teórica definitiva induzida, em Freud, pela mobilização nos anos 1920 da segunda tópica, a respeito de toda compreensão do sujeito como *eu*, ruptura teórica totalmente ignorada pelos defensores oficiais da *ego psychology*. De maneira mais geral, deve-se notar que a distinção entre um "jovem Freud" e um Freud "da maturidade", a quem é devida

tando sobre seu próprio percurso anterior marcado por um "teoricismo" sobre o qual ele produz então uma crítica, Althusser assevera: "Uma ciência reconhecida é sempre saída de sua pré-história (sua pré-história lhe resta sempre contemporânea: como seu Outro) e dela continua interminavelmente a sair sob o modo de sua *rejeição* como *erro*, sob o modo de que Bachelard chamou de 'a *ruptura* epistemológica'. Eu lhe devo esta ideia, e para lhe dar, no jogo de palavras, toda sua força, eu a chamei de "*corte* epistemológico". E o fiz a categoria central de meus primeiros ensaios" (*op. cit.*, p. 30-31).

a descoberta do objeto da psicanálise, encontra-se claramente afirmada na interpretação proposta pelo próprio Althusser do enfoque lacaniano do "retorno a Freud", cujo objetivo final é o de "dar à descoberta de Freud conceitos teóricos à sua altura, definindo, assim, tão rigorosamente quanto possível hoje *o inconsciente* e suas "leis", que fundam todo o seu objeto".[33] De resto, a analogia entre o retorno a Marx e o retorno a Freud pode prosseguir e especificar-se se pusermos em evidência a atenção particular (sinônimo de uma releitura original) atribuída à própria noção de *tópica*, quer se trate da tópica marxista, com a representação arquitetural da distinção infraestrutura-superestrutura, ou da (segunda) tópica freudiana, exposta em "O eu e o isso". Avesso a uma leitura tradicional, Althusser recusa uma compreensão mecanicista da tópica marxista tal qual ela se encontra particularmente exposta no prefácio de 1859 à *Contribuição à Crítica da Economia Política*.[34] A superestrutura, que se compõe de dois "andares", a ordem jurídico-política e a ideologia, não é o simples reflexo da estrutura (a esfera da produção material, constituída pela combinação das forças produtivas e das relações de produção, também chamada de "infraestrutura" ou "base" econômica); a superestrutura é, antes, dotada de uma *autonomia relativa* com relação à estrutura, e a determinação da primeira pela segunda é concebida como exercendo-se "em última instância". Assim, seguindo a fórmula de "Ideologia e Aparelhos Ideológicos de Estado", esta metáfora espacial que é a tópica de Marx, esta "metáfora do edifício" na qual "o econômico está *embaixo* (a base), a superestrutura *em cima*", "tem por objetivo representar, antes de tudo, a 'determinação em última instância' pela base econômica"; ela "tem, portanto, por efeito dotar a base de um índice de eficácia conhecido nos célebres

---

33 L. Althusser, "Freud e Lacan", em *Posições*, p. 15-20.
34 K. Marx. *Contribuition à la Critique de l'Économie Politique*. Prefácio de 1859. Paris: Éd. Sociales, 1957, p. 4-5.

termos: determinação em última instância do que se passa nos 'andares' (da superestrutura) pelo que se passa na base econômica".³⁵ Mas a representação tópica não significa de maneira nenhuma a existência de uma causalidade mecânica e unívoca da estrutura sobre a superestrutura que reduziria a segunda a um simples efeito da primeira. A concepção original da autonomia relativa da superestrutura está igualmente em jogo no conceito althusseriano de sobredeterminação, e funda, como veremos, a concepção propriamente althusseriana da ideologia e de sua "a-historicidade". Por sua parte, Lacan faz da leitura da segunda tópica e dos escritos freudianos a partir de "Além do princípio de prazer" uma questão crucial de sua refutação da redução da psicanálise a uma teoria do *eu*. Poderemos observar aqui, igualmente, que tanto em Lacan como em Althusser, o papel atribuído ao paradigma epistemológico da tópica, isto é, da representação espacial de uma realidade constituída de múltiplas instâncias, quer se trate do aparelho psíquico ou das formações sociais, é um papel heurístico, indicativo, que não se presta a nenhuma interpretação literal. Assim, segundo Lacan, a "tópica do eu" de 1923 não deve ser objeto de uma leitura fetichizante, que reative a determinação psicológica do eu como instância central ou centrada do aparelho psíquico; muito pelo contrário, pode-se ler em "A coisa freudiana", "a intenção de Freud [...] no momento em que promovia a tópica do eu [...] foi de restaurar em seu rigor a separação, justamente na sua interferência inconsciente, do campo do eu e aquele do inconsciente inicialmente descoberto por ele, demonstrando a posição "transversal" do primeiro em relação ao segundo, a cujo reconhecimento ele resiste pela incidência de suas próprias significações na fala".³⁶ Se o conceito de

---

35   L. Althusser, *I e AIE*, em *Posições*, p. 75.
36   J. Lacan. "La Chose Freudienne, ou Sens du Retour à Freud em Psychanalyse", 1956, *Écrits*, p. 433.

corte epistemológico é propriamente althusseriano, parece que o retorno a Freud empreendido por Lacan cumpre um papel de modelo para o retorno a Marx, na mesma medida em que a própria noção de "retorno a" significa a transformação de *conceitos importados* em *conceitos domésticos*, segundo uma distinção que Althusser retoma de Kant, que diferencia os conceitos que uma ciência toma emprestado de outras ciências, e os conceitos que ela produz organicamente. É isso que aparece, por exemplo, na primeira das duas conferências que Althusser pronunciou no quadro do seminário de 1963-1964 na ENS. A forma contemporânea da resistência ideológica que a civilização opõe à descoberta de Freud deve, assim, ser relacionada, explica Althusser, à "inadequação entre os conceitos que Freud emprega em seus textos e o conteúdo que esses conceitos são destinados a pensar". Em outros termos, existe uma decalagem, até mesmo uma contradição, entre a novidade teórica radical da psicanálise e os conceitos através dos quais ela se expõe inicialmente em Freud, conceitos importados, tomados de empréstimo de outras disciplinas, no caso a "teoria biológica [...] de inspiração mais ou menos darwiniana", a "teoria energética da física", e a "teoria econômica". Assim concebe-se o imperativo de uma "transformação teórica" dos conceitos importados em conceitos domésticos, transformação teórica que só foi produzida, destaca Althusser, com a "aparição de Lacan".[37] De sorte que Lacan aparece formalmente, de algum modo, como o inventor da transformação teórica dos conceitos importados em conceitos domésticos, indispensável ao estabelecimento da cientificidade própria da psicanálise, que Althusser transporá em seguida a sua leitura de Marx, para expor a ruptura epistemológica no

---

37 L. Althusser, *Psychanalyse et Sciences Humaines*, 1ª Conferência, p. 24-26. Cf. igualmente, sobre o ponto preciso da transformação dos conceitos importados em conceitos domésticos, envolvida na constituição de uma ciência como tal, e principalmente na constituição da *teoria* psicanalítica, "Freud e Lacan", em Posições, p. 13-15.

princípio da constituição de uma nova ciência, da história e das formações sociais.

Mas a analogia entre o retorno a Freud e o retorno a Marx não se joga somente no plano que poderíamos chamar de formal, do método, da "transformação teórica" dos conceitos importados em conceitos domésticos. A analogia concerne igualmente aos objetos teóricos respectivos da psicanálise e do marxismo, e mais particularmente, aos conceitos fundamentais que a leitura althusseriana destaca ou vem qualificar, na obra de Marx. Isso é evidenciado, sobretudo, na origem de certas categorias fundamentais da filosofia de Althusser: essas categorias, requeridas pelo programa de exposição da especificidade teórica marxista, sob o duplo aspecto da teoria da história e da filosofia, são explicitamente emprestadas da ordem conceitual da psicanálise.

1.2.1. A sobredeterminação

O conceito de sobredeterminação desempenha uma função central na releitura althusseriana de Marx e no que ela possui de mais original; ele é necessário, sobretudo, para o estabelecimento da tese heterodoxa da existência de uma demarcação ou de uma descontinuidade teórica entre a dialética hegeliana e a dialética propriamente marxista, isto é, a concepção marxista da contradição como "motor" do processo histórico. É assim que o conceito de sobredeterminação intervém no capítulo III de *Por Marx*, intitulado "Contradição e Sobredeterminação", em apoio – decisivo – da crítica da interpretação tradicional da fórmula do posfácio à segunda edição de *O Capital*: "Em Hegel, ela [a dialética] está de cabeça para baixo. É preciso invertê-la para descobrir na ganga mística o nódulo racional". Segundo Althusser, tal inversão não deve ser compreendida em um sentido literal, mas somente em sentido indicativo ou metafórico. Em outros termos, a "inversão" operada por Marx não é na verdade uma inversão, uma vez que Marx não recolocou, ainda que sob o modo da negação, a problemática teórica que opera na dialética hegeliana. De Hegel a Marx, não se trata de um tipo de oscilação entre dois polos, do idealismo ao materialismo, nem mesmo de uma oposição entre um primado atribuído à Ideia, de um lado, e um primado atribuído à esfera da economia ou da produção material de outro lado, trata-se, de modo muito mais radical, de uma mudança de sistema conceitual solicitada pelo corte epistemológico mobilizado em *O Capital*, e teorizado em *Por Marx*. A concepção hegeliana da contradição não é simplesmente superada no marxismo, ela é, mais exatamente, suprimida, na medida em que Marx rompe definitivamente com os conceitos que a fundam, tal como o de *totalidade expressiva*, de unidade simples originária, de negação da negação, ou ainda de alienação.

Conforme Althusser, a dialética em sua versão hegeliana é comandada por um princípio de *contradição simples*, princípio que opera no interior de uma *totalidade originária dada*, que se reflete, ela mesma, em "um princípio interno único". Assim, seguindo o exemplo de Hegel, que aplica à compreensão do devir histórico as categorias desta dialética, Roma, toda sua civilização e sua história, refletem-se num princípio fundamental simples, o princípio da *"personalidade jurídica abstrata"*, que convoca em si mesmo a contradição interna representada pela "consciência estoica". Esta concepção da dialética fundada sobre a representação de um princípio de contradição *simples* é, na realidade, indissociável de uma filosofia especulativa e idealista, na medida em que *"a simplicidade da contradição hegeliana não é nada além do reflexo da simplicidade do princípio interno de um povo, isto é, não de sua realidade material, mas de sua ideologia mais abstrata"*.[38] Inscreve-se, portanto, no quadro de uma "Filosofia da história" regida pelo conceito de Fim, que não pensa verdadeiramente as descontinuidades e as irrupções características

---
38 L. Althusser, *Pour Marx*, III, p. 102.

do devir histórico,[39] devir aqui orientado em direção a um fim sempre-já implicado no início. Em definitivo, o método dialético de Hegel não é separável de sua filosofia especulativa: ele está indissoluvelmente ligado à tematização da totalidade como totalidade homogênea, cujo princípio de diferenciação é fundamentalmente uno e interno, de sorte que a concepção do movimento e do próprio devir histórico se revela também comandada pelas categorias de centro e de "círculo de círculos". É, então, simultaneamente a este método e a esta filosofia que se opõe a concepção propriamente marxista, segundo Althusser, do *todo complexo já dado, articulado segundo uma estrutura "com dominante"*, totalidade complexa articulada que constitui a forma característica de toda sociedade dada. Esta concepção é convocada pela representação tópica que distingue desde o início múltiplas instâncias em toda formação social e, sobretudo, uma estrutura e uma superestrutura, a primeira *dominando* em última instância a segunda. Ela implica, assim, uma definição da *natureza complexa* do princípio de *contradição*, precisamente em jogo no conceito de sobredeterminação. Althusser explica, com efeito, que na teoria de Marx a "contradição" (a contradição fundamental e dominante) é "inseparável da estrutura do corpo social como um todo, no qual ela se exerce, inseparável de suas *condições* formais de existência, e das próprias *instâncias* que ela governa [...] é, portanto, ela própria, em seu coração, *afetada por elas*, determinante mas também determinada em um único e mesmo movimento e determinada pelos diversos *níveis* e as diversas *instâncias* da formação social que ela anima: poderíamos dizer, *sobredeterminada em seu princípio*".[40] Desse modo encontra-se afirmada, contra a representação hegeliana de uma unidade originária e de uma totalidade expressiva de um princípio interno único e homogêneo, o primado das estruturas e das diferenças hierarquizadas,

---
39 Ibid., p. 101-103.
40 Ibid., p. 99-100.

ou ainda, das múltiplas instâncias, em que, em última análise, uma certamente domina a outra, mas que são conectadas entre si por relações de determinação recíprocas, que não são nem fixas, nem unívocas. De maneira geral, vemos que o conceito original de sobredeterminação em sua versão althusseriana e em sua aplicação no marxismo, tem como primeira implicação uma teoria materialista da história e das formações sociais. Como destacamos, a teoria da sobredeterminação não é uma teoria da contradição simples, mas sim da contradição complexa, uma teoria das *múltiplas instâncias*, emaranhadas e não homogêneas, no princípio da contradição ou das contradições. Assim concebe-se a dimensão não especulativa da dialética marxista que, ao definir toda contradição segundo o modelo da sobredeterminação, submete a própria contradição ao regime do heterogêneo, do múltiplo e da descontinuidade. A substituição do conceito hegeliano de totalidade, centrada e simples, pelo conceito de todo complexo, estruturado e articulado com dominante, como *ponto de partida* do processo dialético e como estrutura complexa sempre-já dada, parece implicar uma concepção da dialética que se poderia chamar de "*estrutural*". É essa concepção estrutural, evidenciada em particular pelo papel explicativo atribuído ao jogo de oposição e de especificação das múltiplas instâncias, e a exclusão correlata das categorias de unidade originária e de substância simples, que Althusser, na sua leitura de Marx, opõe a uma concepção de tipo teleológico, articulada aos conceitos de fim e de origem. A esse respeito pode-se observar que tal concepção dialética, fundada sobre o conceito de estrutura, faz eco à definição não linear e não continuísta do *tempo histórico*, que Althusser opõe, em *Ler O Capital*, à concepção hegeliana do tempo como reflexo da essência da *totalidade* que se supõe ser a existência. A oposição entre essas duas concepções de tempo histórico, com efeito, é explicitamente deduzida do antagonismo em ação entre duas definições do todo ou da totalidade, e principalmente do *todo social*, a definição marxista e a definição leibniziana-hegeliana.[41] Mas a teoria althusseriana da sobredeterminação não tem por único objetivo a refutação da dialética hegeliana e de uma "filosofia da história" de tipo idealista. Ela tem, igualmente, por efeito recusar a *representação mecanicista*, ela própria de inspiração ainda formalmente hegeliana, aliás, de um só tipo de contradição, entre Capital e Trabalho, que decorreria da base econômica, por meio do jogo antagônico das forças produtivas e das relações de produção. Como se vê no texto anteriormente mencionado, que afirma o caráter *relativamente autônomo* das instâncias distintas que constituem a estrutura do todo social, a sobredeterminação implica a existência de contradições que derivam especificamente, por um lado, da conjuntura e das "circunstâncias", mas também, por outro, da *superestrutura*, isto é, das instituições jurídicas e civis, da luta política e também da ideologia. É isso que se revela particularmente na teoria leninista do "elo mais fraco", proposta para dar conta da revolução advinda precisamente na Rússia em 1917, e que se encontra bastante longamente evocada em *Por Marx* como que para servir de introdução à teoria da sobredeterminação.[42] Com efeito, a teoria do elo mais fraco testemunha a "*intensa sobredeterminação* da contradição fundamental de classe",[43] a saber, da contradição entre o capital e o trabalho em geral. Ela não vale unicamente para a "exceção" russa, mas adquire uma função epistemológica geral, e a exceção, nesse caso, adquire valor de regra. Se, com efeito, a tematização hegeliana da contradição simples e homogênea é recusada pela conceituação marxista da estrutura complexa, descentrada e articulada do todo social, então a "'bela' contradição" entre o Capital e o Trabalho,

---

41 L. Althusser, "O Objeto do 'Capital'", em *Ler O Capital*, IV, p. 272, 309 (notadamente p. 280-281).
42 *Pour Marx*, III, p. 92-95.
43 Ibid., III, p. 103.

enquanto contradição simples, revela-se uma abstração. Esta abstração é certamente útil na ordem da luta política imediata ou da mobilização das massas, mas revela-se privada de verdadeira pertinência conceitual, uma vez que a própria simplicidade dessa contradição, supostamente originária, faz a teoria de Marx cair num hegelianismo do qual ela se libertou ao preço do corte epistemológico posto em relevo pelo autor de *Por Marx*.

A equação fundamental colocada por Marx entre a contradição e a sobredeterminação invalida, consequentemente, a concepção *economicista* de uma determinação simples do processo histórico pela "base", reduzindo a superestrutura e as contradições que dela decorrem ao estatuto de "fenômeno" de uma determinação essencial que residiria na infraestrutura, já que o par conceitual da essência e do fenômeno testemunham, de resto, a remanescência de categorias hegelianas em uma certa tradição marxista combatida por Althusser. Se toda contradição na dialética marxista é sempre uma "contradição sobredeterminada", se a sobredeterminação é a modalidade necessária, e não acidental, da contradição, isso significa que existe *uma eficácia própria da superestrutura*, como existe, além disso, uma eficácia própria das circunstâncias ou da conjuntura histórica, contra o economicismo e a representação teleológica de um necessitarismo histórico. Assim, para Althusser, a ideia fundamental do marxismo é "que a *contradição Capital-Trabalho nunca é simples, mas sempre está especificada pelas formas e pelas circunstâncias históricas concretas nas quais ela se exerce*. Especificada pelas formas da *superestrutura* (o Estado, a ideologia dominante, a religião, os movimentos políticos organizados etc.); especificada pela *situação histórica interna e externa* (...)".[44] A teoria da sobredeterminação que Althusser isola e localiza na obra de Marx interdita uma interpretação unívoca e mecanicista da determinação em última instância da

---

44 Ibid., III, p. 104.

superestrutura pela estrutura. Mas antes, em oposição ao economicismo, deve-se ler em Marx uma "*nova concepção* da relação das *instâncias determinantes* no complexo estrutura-superestrutura que constitui a essência de toda formação social". Esta concepção coloca "de um lado, *a determinação em última instância pelo modo de produção (econômico)*; de outro lado, *a autonomia relativa das superestruturas e sua eficácia específica*".[45] Convém destacar uma vez mais a originalidade dessa leitura por Althusser da tópica marxista e da determinação *apenas* "em última instância".

Tal leitura contribui, com efeito, para desvendar os impasses de um economicismo e de um mecanicismo "necessitarista" que caracterizaram correntes importantes do movimento operário, na própria tradição marxista, e principalmente uma social-democracia alemã profundamente marcada pelo reformismo; simultaneamente, recusa o historicismo e o humanismo próprios de outras correntes, representadas, por exemplo, pelo voluntarismo político e revolucionário dos spartakistas e de Rosa Luxemburgo. Mas ela resulta, também, em um plano mais especificamente teórico, na tese da *eficácia própria da superestrutura*, em virtude da qual "a superestrutura não é o puro fenômeno da estrutura", mas "a sua condição de existência".[46] Esta tese funda a teoria propriamente althusseriana da *ideologia* e de sua necessidade, em ruptura com as concepções clássicas, no marxismo, do reflexo ou do eco.

Uma terceira questão fundamental da teoria althusseriana da sobredeterminação tem a ver com a herança que ela reivindica: tal herança não é outra que a da *linguística* e da *psicanálise*, e do cruzamento dessas duas disciplinas, das quais a teoria lacaniana constitui uma espécie de desfecho.

Com efeito, a escolha do termo sobredeterminação que Althusser afirma ter tomado "emprestado de outras disciplinas",[47]

---
45 Ibid., III, p. 111.
46 Ibid., VI, 5, p. 211.
47 Ibid., III, p. 100.

não visa somente a destacar a irredutibilidade da contradição marxista à contradição hegeliana. Tem igualmente por função dar conta da singularidade da dialética marxista, uma vez que ela implica simultaneamente duas teses, a da eficácia própria da superestrutura de um lado, e a da determinação *em última instância* (pela economia) de outro. A coerência profunda dessas duas teses, irreconciliáveis somente em aparência, lê-se precisamente no conceito de sobredeterminação, na medida em que este é regido por aquilo que chamamos de uma teoria estrutural da dialética. Tal teoria implica que o todo, enquanto estrutura *descentrada*, enquanto todo complexo articulado *com dominante*, reflete-se em cada contradição singular – que convém igualmente a esse título qualificar de *sobredeterminada*, já que ela própria reflete sempre sua própria situação no todo complexo articulado, isto é, suas "condições de existência". No próprio interior de toda contradição, necessariamente sobredeterminada e considerada em sua própria especificidade, refletem-se as "condições de existência" desta contradição, a saber, a "estrutura com dominante" característica do todo social, a determinação em última instância pela estrutura. Assim, pode-se ler em *Por Marx*: "[o] *reflexo das condições de existência da contradição no seu próprio interior,* [o] *reflexo da estrutura articulada com dominante que constitui a unidade do todo complexo no interior de cada contradição,* aqui está o traço mais profundo da dialética marxista, aquele que eu tentei capturar outrora sob o conceito de 'sobredeterminação'". E a nota que acompanha esse texto esclarece a origem desse conceito, antes de sua importação para o campo da teoria marxista: "Eu não forjei esse conceito, escreve Althusser [...] eu o tomei emprestado de duas disciplinas existentes: no caso, a linguística e a psicanálise. Ele possui, aqui, uma 'conotação' objetiva dialética, e – particularmente em psicanálise – formalmente bastante aparentado ao conteúdo que ele ali designa, para que esse empréstimo não seja arbitrário.

[...] Esse 'aparentamento' poderia ainda permitir, em troca, um acesso à realidade psicanalítica".[48] A origem linguística e psicanalítica é novamente afirmada quando se encontram descritos os mecanismos específicos aos quais corresponde a sobredeterminação. Com efeito, para Althusser a concepção marxista da contradição-sobredeterminação dá conta da transformação e da fusão dos contrários no jogo dialético inerente à estrutura social. E para definir esse processo dialético, convém fazer intervir as categorias de *deslocamento* e de *condensação*. Assim, o princípio da identidade dos contrários se compreende como "1) a passagem, em condições determinadas, de um contrário ao lugar do outro, a mudança dos papéis entre as contradições e seus aspectos (nós chamaremos esse fenômeno de substituição de *deslocamento*); 2) a 'identidade' dos contrários em uma unidade real (nós chamaremos esse fenômeno de 'fusão' de *condensação*)".[49] As dominâncias deslocam-se e as contradições condensam-se no trabalho do processo dialético, análogo nesse sentido ao "trabalho do sonho" em sua compreensão freudiana. Freud, com efeito, faz uso, sobretudo, dos conceitos de *deslocamento* e de *condensação* para qualificar os mecanismos inerentes à transformação dos pensamentos do sonho em conteúdo manifesto, em relação com uma teoria geral da *sobredeterminação* das formações do inconsciente, que é também – bem antes de sua retomada e tematização althusserianas – uma teoria da determinação *múltipla* e não unívoca. As formações do inconsciente, como os sintomas histéricos, por exemplo, não derivam de uma só, mas de *várias* cadeias de significação, o que está implicado, de resto, na teoria freudiana da existência de um *conflito psíquico* no princípio da produção dos sintomas em questão: conflito que se joga, pois, entre dois desejos opostos que advêm de dois sistemas psíquicos distintos, um

48 Ibid., VI, 5, p. 212-215, e n. 48, p. 212.
49 Ibid., VI, 5, p. 216-217.

advindo do sistema inconsciente, e outro advindo do sistema pré-consciente.⁵⁰ O caso específico do sonho, cuja teorização freudiana em *A Interpretação dos Sonhos*, coincide precisamente com a primeira aplicação sistemática, em torno de 1900, da hipótese geral do inconsciente, e a primeira representação espacial, ou "tópica", das diferentes instâncias do aparelho psíquico, implica, ele também, para a sua compreensão, o recurso ao conceito de sobredeterminação. Freud, no capítulo 6 de *A Interpretação dos Sonhos*, expõe a distinção entre "conteúdo manifesto do sonho", conteúdo imediatamente acessível, mas apresentado de forma hieroglífica, e os "pensamentos do sonho", pensamentos latentes dos quais o conteúdo manifesto é a transcrição. Esta distinção entre conteúdo manifesto e pensamentos do sonho é comparável à distinção que opera ente "duas exposições dos mesmos fatos em duas línguas diferentes", e a interpretação do sonho implica *traduzir* os signos hieroglíficos do conteúdo manifesto, na "língua dos pensamentos do sonho". Ora, segundo Freud, "cada um dos elementos do conteúdo do sonho é *sobredeterminado*, como se fosse representado várias vezes nos pensamentos do sonho".⁵¹ Esta sobredeterminação, ou determinação múltipla, inerente ao conteúdo do sonho é o efeito do "trabalho de condensação" que, articulado ao "trabalho de deslocamento" pelo qual o sonho se torna *descentrado*, contribui para a formação onírica. Se o processo de *condensação*, com efeito, sobre o qual Freud afirma "ser particularmente sensível quando alcança palavras e nomes",⁵² supõe um desequilíbrio ou uma desproporção entre o conteúdo, aparentemente simples, do sonho e os numerosos pensamentos latentes aos quais ele é associado, e dos quais ele é a transposição, o deslocamento, ao contrário, implica

---

50 S. Freud. *A Interpretação dos Sonhos [Die Traumdeutung]*. Paris: PUF, 1968, cap. 7, III, p. 484.
51 Ibid., cap. 6, I, p. 257.
52 Ibid., cap. 6, I, p. 257.

um processo de *descentramento*. No sonho, o centro, quando se trata do conteúdo manifesto não é o mesmo que o centro dos pensamentos do sonho, cujo essencial não é geralmente representado no conteúdo: "Durante a formação do sonho, [os] elementos carregados de um interesse intenso, podem ser tratados como se eles apenas possuíssem pouco valor, e outros, pouco importantes, nos pensamentos do sonho, tomam seu lugar".[53] *Condensação* e *deslocamento* são então dois processos de deformação dos pensamentos do sonho, sob o efeito da "censura de defesa endopsíquica" que torna assim irreconhecível o desejo inconsciente do qual procede o sonho: assegurando a transferência e o deslocamento das intensidades psíquicas, eles constituem "as duas grandes operações a que nós devemos essencialmente a forma de nossos sonhos".[54] Temos notado, que o modelo linguístico, a comparação do sonho a um texto escrito em línguas diferentes, desempenha um papel epistemológico importante na obra original do próprio Freud. Ora, as categorias freudianas de condensação e de deslocamento se encontram explicitamente retomadas por certos teóricos da linguística do século XX, e em particular por Roman Jakobson que, nos seus *Essais de Linguistique Générale* [Ensaios de Linguística Geral], aproxima esses processos psíquicos de duas figuras retóricas, para ele características dos mecanismos fundamentais da significação linguística, a saber, a metáfora e a metonímia.[55] Ora, sabe-se que na releitura da teoria freudiana, Lacan foi fortemente marcado pela corrente estruturalista, e singularmente pelas aquisições teóricas da antropologia estrutural de Claude Lévi-Strauss que encontra seu modelo epistemológico na linguística,

---

53 Ibid., cap. 6, II, p. 264.
54 Ibid., cap. 6, p. 265-266.
55 Sobre esse ponto, cf. a entrada "Déplacement" do *Vocabulaire de la Psychanalyse* de J. Laplanche e J.-B. Pontalis (1967). Paris: PUF, 2002, p. 117-120. Cf. Igualmente : Roman Jakobson. *Essais de Linguistique Générale*. Paris: Ed. De Minuit, 1963, cap. 2, em particular p. 65-66.

precisamente, esta "ciência social" que, a partir dos trabalhos de Ferdinand de Saussure, e postulando a existência de *estruturas inconscientes* da atividade da linguagem, "tem realizado os maiores progressos".[56] Isto é o que sugere, de imediato, o célebre axioma lacaniano, "o inconsciente é estruturado como linguagem".[57] Tal axioma se autoriza igualmente nos próprios textos de Freud, incluindo, notadamente, *O chiste e a sua Relação com o Inconsciente*, mas também o capítulo 6 de *A Interpretação dos Sonhos*, no qual o sonho se encontrava comparado a uma "charada", e os hieróglifos do conteúdo dos sonhos como "signos" que devem ser lidos não como "imagens", mas, antes disso, "segundo sua significação convencional".[58] Desse modo se opera uma aproximação decisiva entre a psicanálise e a linguística, que funda a separação lacaniana da psicanálise e da psicologia. Nesse quadro geral, Lacan retoma igualmente por sua conta a analogia posta entre as categorias freudianas da condensação e do deslocamento, e as categorias linguísticas anteriormente mencionadas. De fato, segundo o autor dos Écrits, a teoria freudiana do sonho, que constitui a "via régia" que conduz ao inconsciente, é inteiramente regida pelo primado atribuído à "letra do discurso", a uma "estrutura literante" da escritura hieroglífica característica do sonho (irredutível a qualquer forma de "semiologia figurativa"), isto é, pelo primado atribuído ao *significante* e a suas leis. A transposição evocada por Freud para qualificar a relação entre pensamentos e conteúdo do sonho se concebe no prisma da teoria saussuriana do "deslizamento do significado sob o significante". E é através desse prisma estruturalista, de inspiração linguística,

---

56 Cf. Claude Lévi-Strauss. *Anthropologie Structurale* [1958] (em particular o capítulo II). Paris: Pocket, p. 43 (Agora).
57 J. Lacan, *Les Quatre Concepts Fondamentaux de la Psychanalyse*, XII (Seminário XI, 1964). Paris: Le Seuil, 1990, p. 167 (Points). Precisamos que este axioma é igualmente necessário, na perspectiva original de Lacan, para a constituição da psicanálise como *ciência*, no caso, como ciência do inconsciente (Ibid., XVI, p. 227).
58 S. Freud, *A Interpretação dos Sonhos*, cap. 6, p. 241-242.

que Lacan compreende os mecanismos fundamentais da condensação e do deslizamento, no princípio da formação do sonho, essas "duas vertentes da incidência do significante sobre o significado", identificadas por ele explicitamente com a metáfora e a metonímia.[59] A estrutura metonímica, definida como *conexão* do significante ao significante no próprio princípio do *desejo* do sujeito, e a estrutura metafórica, definida como *substituição* do significante ao significante, no princípio do *sintoma*, caracterizam, assim, as leis fundamentais de um inconsciente freudiano irredutível ao "primordial" ou ao "instintual", que são as próprias leis do significante, enquanto "discurso do Outro".[60] Esta caracterização, em Lacan, das categorias de *deslocamento* e de *condensação*, no prisma de uma linguística estrutural que visa a permitir um acesso inteligível ao objeto da teoria de Freud, é retomada por Althusser em "Freud e Lacan", que destaca a sua importância epistemológica particular. Ela fornece, com efeito, a dimensão do "papel constituinte do significante" na elaboração freudiana do conceito de inconsciente, papel por um longo tempo desconhecido, e que Lacan faz questão de trazer à tona. De resto, é já nessa perspectiva, a de uma intimação do inconsciente à ordem propriamente simbólica da linguagem e de sua estrutura combinatória, contra as derivas de uma psicanálise institucional ligada ao estudo dos mecanismos de defesa do eu, ou à teoria dos "estágios supostamente orgânicos do desenvolvimento individual", que se inscreve a proposta geral do Relatório do congresso de Roma, de 1953, no qual se encontra uma referência expressa ao conceito de sobredeterminação. É notadamente nesse contexto de luta teórica, o qual implica "retornar" aos textos de Freud, que se compreende a referência à teoria do sonho proposta na *Traumdeutung*. O sonho, na sua concepção

---

59 J. Lacan, " L'Instance de la Lettre dans l'Inconscient ou la Raison depuis Freud", 1957, em Écrits, p. 509-511.
60 Ibid., p. 515-528.

especificamente freudiana, "tem a estrutura de uma frase, ou antes [...] de uma charada, quer dizer, de uma escritura". Existe assim uma "retórica" do sonho, e sua elaboração, fundada sobre os "deslocamentos sintáticos" e as "condensações semânticas" recorre a esses *tropos* que são, entre outros, a metáfora, a metonímia e a sinédoque. Esta compreensão "linguística" geral das formações do inconsciente resulta igualmente na definição do *sintoma* como sendo "ele próprio estruturado como linguagem", na medida em que ele próprio é sobredeterminado.[61] Uma questão fundamental, consequentemente, dessa retomada linguística por Lacan, da teoria psicanalítica do sonho e do inconsciente em geral, na medida em que ela implica constitutivamente o conceito de sobredeterminação é aqui ainda a acentuação da impossibilidade de se conceber a descoberta freudiana – e sua própria exigência de cientificidade – nos termos de um "biologismo", de uma psicologia experimental ou mesmo de uma psicologia dos arquétipos (notadamente, no sentido de Jung) que desconhece a especificidade do inconsciente freudiano. E mais uma vez, a analogia é patente entre a abordagem lacaniana em psicanálise e a abordagem althusseriana no campo do marxismo, que visa a separá-lo, ao mesmo tempo, do economicismo e do humanismo, e que recorre, mais particularmente, para esse fim à categoria freudiana da sobredeterminação e aos conceitos de deslocamento e de condensação. A analogia prossegue se considerarmos que para Lacan, o desconhecimento histórico da descoberta freudiana contém uma decalagem nos níveis de "maturação científica" entre o próprio *objeto* da descoberta, que se antecipa aos seus resultados e a formalização de uma teoria linguística ainda não desenvolvida nem disponível no momento em que Freud pela primeira vez a enuncia, e *os termos* nos quais ela se deu à escuta. O próprio retorno aos textos de Freud, na perspectiva fundadora do relatório do Congresso de

---

61   J. Lacan, "Fonction et Champ de la Parole et du Langage em Psychanalyse", 1953, em *Écrits*, p. 267-269.

Roma, implica, se não uma completa reforma da terminologia freudiana, pelo menos uma aproximação dos termos da psicanálise com a antropologia, antropologia de tipo estrutural regida pelo modelo linguístico do jogo combinatório que é igualmente a mola do inconsciente. A retomada por Lacan da teoria freudiana do sonho e sua análise particular dos mecanismos de deslocamento e de condensação, contribuem de maneira decisiva para traçar uma demarcação estrita entre psicanálise e psicologia, aproximando a primeira (sem dúvida sob a influência dos trabalhos de Lévi-Strauss) da esfera das ciências "humanas" como a linguística e a antropologia estrutural. Ora, é justamente esse programa de despsicologização da psicanálise, e a questão de sua relação com as ditas ciências humanas, regidas por uma abordagem de tipo estruturalista, que interessam sobretudo a Althusser, e constituem o motivo central dos trabalhos que ele consagra, no seminário de 1963-1964, à teoria psicanalítica.

1.2.2. A leitura sintomal

A leitura sintomal se apresenta como o *método* tornado necessário para uma leitura propriamente filosófica da obra de Marx, leitura que foi acompanhada por Althusser e seus alunos em *Ler O Capital*. Ela é assim, um instrumento essencial no projeto de exposição da filosofia latente de Marx, sutilmente inscrita na nova ciência, inaugurada por *O Capital*, o materialismo histórico. A título mais geral, tal método permite identificar e nomear certos conceitos cruciais do pensamento de Marx, exigidos por seu sistema e, no entanto, ausentes em sua terminologia e em seu discurso explícitos. Acima desses conceitos, figura, nós o retomaremos, o conceito de "eficácia de uma estrutura sobre os seus elementos", ou de *causalidade estrutural*, que implica igualmente o de sobredeterminação.

Um primeiro desafio dessa leitura filosófica de Marx, que deve precisamente conduzir ao limiar de sua filosofia implícita é o seguinte: trata-se de identificar simultaneamente o *objeto específico* de Marx, e o *discurso* que se refere a esse objeto.[62] A perspectiva é, então, sempre aquela que consiste em analisar e provar a ruptura epistemológica operada por Marx (tanto em relação a Hegel, quanto, a respeito de Feuerbach, mas também em relação a Smith e Ricardo), bem como o estatuto científico de sua descoberta. Ora, a identificação desse objeto e a da relação com esse objeto supõe um singular retorno ao próprio texto de Marx, no caso a O *Capital*. Mas esse retorno não pode consistir em uma "leitura inocente" que procuraria e descobriria no texto em questão a epifania de um sentido unívoco, e reconduziria assim ao mito de um discurso, escrito ou falado, identificado com o lugar de uma verdade dando-se imediatamente a ver como tal, em sua essencial transparência. À esta concepção religiosa da leitura, fundada sobre uma representação teleológica do desvelamento do verdadeiro bem como sobre a noção especular de um ler assimilado a uma visão que emana de um sujeito, Althusser opõe uma concepção totalmente diferente, que ele afirma ter herdado do próprio Marx, de Nietzsche e de Freud. Essa, que assume uma leitura expressamente "culpada", afirma a equivocidade constitutiva de todo discurso e de todo "querer dizer", na medida em que ele "descobre, sob a inocência da palavra e da escuta, a profundidade atribuível por um segundo, de um discurso *totalmente outro*, o discurso do inconsciente".[63] Esta referência à noção de um *discurso do inconsciente* é evidentemente decisiva. Ela envolve a teoria freudiana, aquela que se dá a entender principalmente na concepção do sonho como charada cuja análise da significação necessariamente sobredeterminada é o objeto da *Traumdeutung*; mas ela ecoa, também, à retomada por Lacan a esta mesma teoria freudiana, já que o conceito de discurso do inconsciente desempenha um papel

---

62 L. Althusser, "Du 'Capital' à la Philosophie de Marx", em *Lire le Capital*, p. 4-5.
63 Ibid., p. 6-7.

específico na estratégia lacaniana de pôr em destaque a "função da palavra e da linguagem" na ordem própria da psicanálise. E de fato, a reativação da noção psicanalítica de "discurso do inconsciente", na própria leitura de Marx, é, para Althusser, novamente a ocasião de um notável reconhecimento de dívida para com Lacan. Esta dívida reivindicada, na ordem da teoria, se enuncia nesses termos em 1965, no momento da publicação de *Ler O Capital*: "É ao esforço teórico, durante longos anos solitário – intransigente e lúcido de J. Lacan, que nós devemos, hoje, esse resultado que abalou nossa *leitura* de Freud. Numa época na qual o que J. Lacan nos deu de radicalmente novo começa a circular no domínio público, em que qualquer um pode, à sua maneira, fazer uso e se beneficiar disso, eu faço questão de reconhecer nossa dívida em face de uma lição de leitura exemplar, que, veremos, ultrapassa certamente em alguns de seus efeitos, seu objeto de origem. Eu faço questão de reconhecê-la *publicamente*, para que o 'trabalho do alfaiate (não) desapareça no hábito' (Marx), mesmo que seja o nosso".[64] Sem dúvida tal reconhecimento de dívida não é ele mesmo desprovido de ambiguidade, já que é acompanhado, sob o modo da negação, da hipótese de uma captação por Althusser do pensamento de Lacan, como se a verdade desse pensamento residisse, não somente numa leitura renovada de Freud, mas mais amplamente, para além do seu "objeto de origem", na leitura singular de Marx conduzida pelos autores de *Ler O Capital*.

De todo modo, no entanto, o caso é que esta última leitura, sob a denominação de "leitura sintomal", reconhece claramente uma origem freudiana e lacaniana. Em "Freud e Lacan", Althusser, aliás, já prestava homenagem à abordagem linguística de Lacan no campo da psicanálise, e à concepção lacaniana das formações do inconsciente, chiste,

---

64 Ibid., p. 7, n. 1 – português, p. 14.

sintoma e lapsos, identificados aos "*Significantes*, inscritos na cadeia de um discurso inconsciente, dobrando em silêncio, isto é, em voz ensurdecedora, no desconhecimento do recalque, a cadeia do discurso verbal do sujeito humano".[65] É ainda mais marcante, sob esse aspecto, constatar que uma tal inspiração psicanalítica se conjuga, segundo Althusser, a uma outra origem, localizável na própria obra de Marx. Dito de outro modo, seguindo um procedimento reflexivo notável, a abordagem althusseriana visa a aplicar ao próprio texto de Marx o tipo particular de leitura ao qual ele precisamente recorreu em *O Capital*, ao interrogar os textos dos teóricos da economia política clássica, em particular as de Smith e de Ricardo consagradas à questão do *valor* em geral. O "protocolo de leitura" proposto por Marx dos textos da economia política, rompe, explica Althusser, com o mito religioso da leitura, na medida em que ele consiste em uma *leitura dúplice*: primeiro, uma leitura simplesmente literal, e uma segunda leitura que identifica os efeitos de um discurso latente nas descontinuidades ou nos rasgos da trama de um discurso primeiro. Esta última leitura persegue, assim, o ilegível (ou o não-dito) no imediatamente legível, e consegue identificar as "escorregadas" dos economistas clássicos. Isso consiste em deixar escapar ou *não ver* o que, precisamente, eles veem, a saber, a função determinante do *valor da força de trabalho*; função que Smith e Ricardo apontam sem saber, de algum modo, substituindo-a pela ilusória noção de "valor do trabalho", na análise do "valor em geral".[66] A leitura segunda conduzida por Marx se revela assim, uma leitura atenta, não à aparente continuidade do texto e do discurso, mas sim às suas *falhas*, às suas *lacunas*, aos seus *brancos*: longe de serem insignificantes, estes constituem, tal como *lapsos*, brechas através das quais se dá a entender um discurso segundo, inaudível apenas

---

65 L. Althusser, "Freud e Lacan", p. 23.
66 L. Althusser "Du 'Capital' à la Philosophie de Marx", p. 11-13

em uma "primeira" leitura fundada sobre o mito da univocidade do sentido. Consequentemente, esta segunda leitura ganha o nome de leitura sintomal, na definição que lhe dá Althusser: "Tal é a segunda leitura de Marx: uma leitura que nós ousaremos dizer *sintomal*, na medida em que, num só movimento, ela detecta o indetectado no próprio texto que ela lê, e o relaciona a *um outro texto*, presente por uma ausência necessária no primeiro. Assim como a sua primeira leitura, a segunda leitura de Marx supõe a existência de *dois textos*, e a medida do primeiro texto pelo segundo. Mas o que distingue esta nova leitura da antiga é que, na nova leitura, *o segundo texto* se articula sobre os lapsos do primeiro. Mais uma vez, ao menos sobre o gênero próprio aos textos teóricos (os únicos cuja leitura cabe analisar aqui), aparece a necessidade e a possibilidade de uma leitura simultânea *sob dois níveis*".[67] Vemos que essa caracterização do protocolo de leitura herdado de Marx, protocolo reutilizado por Althusser para a inteligência do próprio texto de *O Capital*, convoca categorias manifestamente provenientes do campo psicanalítico, dentre as quais figuram na linha de frente as de lapso e sintoma, que designam as formações do inconsciente. Mas mais fundamentalmente ainda, a descrição do "método" de Marx recorda aquele que foi utilizado por Freud na *Traumdeutung*, para a análise dos mecanismos inerentes ao trabalho do sonho. Não estaria o postulado da existência de *dois textos*, em que o segundo dá a medida do primeiro, explicitamente em jogo na tematização freudiana da transcrição pela qual o conteúdo manifesto do sonho, em sua forma hieroglífica, expressa os pensamentos latentes do sonho de uma forma que convoca uma *tradução*, de sorte que "os pensamentos do sonho e o conteúdo do sonho não aparecem como duas exposições dos mesmos fatos em duas línguas diferentes"?[68]

---

67 Ibid., p. 22-23.
68 S. Freud, *L'Interprétation des Rêves*, cap. 6, p. 241

No uso que ele próprio propõe da leitura sintomal, para a identificação da filosofia de *O Capital*, presente nesse texto sob o modo de uma presença-ausência, Althusser se põe expressamente a escutar o "silêncio" de Marx. O silêncio de Marx, subjacente à aparente continuidade de seu texto literal, é um silêncio "sintomático" na medida em que ele produz verdadeiros "lapsos teóricos". E esses lapsos indicam, sutilmente, no vazio o lugar de conceitos simultaneamente exigidos pelo pensamento de Marx, mas não formulados como tais em sua obra: conforme mencionamos, por exemplo, o conceito de causalidade estrutural, mas também o conceito de um conhecimento sem sujeito, definido sobre o modelo de uma *produção* e implicando a distinção entre o "objeto real" e o "objeto do conhecimento", contra uma teoria "empirista" do conhecimento de que o texto literal de Marx é ainda às vezes prisioneiro.[69] Praticante desta escuta sintomal, teórico desta leitura que busca tornar as "lacunas perceptíveis" e a "identificar, sob as palavras enunciadas, o discurso do silêncio que, surgindo do interior do discurso verbal, provoca nele estes brancos, que são as falhas do rigor, ou os limites de seu esforço",[70] Althusser visa a trazer à baila a filosofia enterrada sob a letra do discurso de Marx. Indubitavelmente, afirma ele, a respeito desta concepção, atribuída a Marx, do conhecimento ou da prática teórica, concepção oposta a toda doutrina do *sujeito* cognoscente, "eu, sem dúvida, *acrescentei* algo ao discurso de Marx; mas, sob outro aspecto, eu não fiz mais que *reestabelecer*, portanto, *sustentar* seu próprio discurso, sem ceder à tentação de seu *silêncio*. Eu *ouvi* esse silêncio como a falha possível de um discurso sob a pressão e a ação recalcantes de um outro discurso, que, a favor desse recalque, toma o lugar do primeiro, e fala no seu silêncio: o discurso empirista. Eu não fiz nada além de fazer

---

69   L. Althusser, "L'Objet du 'Capital'", em *Lire le Capital*, p. 265-271.
70   Ibid., p. 266; igualmente, p. 344.

falar esse silêncio no primeiro discurso, dissipando o segundo".[71] Tal escuta se identifica, indubitavelmente, na sua própria referência à categoria de recalque, com uma abordagem de tipo psicanalítico; mas ela não se reduz a uma certa modalidade entre outras de recepção da obra de Marx. Ela se revela, antes, convocada pela descoberta de uma sorte de concordância geral, ou de homologia entre a perspectiva aberta por Marx e aquela aberta por Freud. Esta homologia opera entre as mutações teóricas e as mudanças de problemáticas implicadas pela constituição de *objetos novos*, irredutíveis aos velhos objetos ideológicos dos quais eles se separam, na ordem da teoria marxista da história, bem como também na da teoria freudiana do inconsciente.[72]

A equivalência assim estabelecida entre a perspectiva de Marx e aquela de Freud é ainda mais notável, por parecer às vezes articular-se à hipótese, evidentemente paradoxal, de uma sorte de antecipação teórica, pelo autor de *O Capital*, da descoberta freudiana; como vemos, por exemplo, na noção precedentemente evocada da leitura simultânea "sob dois níveis" e da existência dos "dois textos", cuja primeira utilização ele atribui a Marx, enquanto ela se encontra expressamente nas *Traumdeutung*. Esta hipótese é o signo do que poderíamos chamar uma "ambivalência" fundamental, em Althusser, na compreensão que ele propõe das relações entre o marxismo e a psicanálise, ambivalência que reencontramos, de resto, na sua própria relação com a obra de Lacan. Por um lado, com efeito, Althusser empresta de maneira explícita e reivindicada, para fazê-los trabalhar na sua própria perspectiva, conceitos

---

71 Ibid., p. 271.
72 Althusser, a fim de ilustrar o tipo de "mutação teórica" envolvida na constituição de uma nova ciência, em ruptura com a esfera ideológica da qual ela sai, desprendendo-se dela, pela perturbação da própria estrutura de seu objeto, propõe, assim, o exemplo da teoria freudiana: "Um bom exemplo: o 'objeto' de Freud é um objeto radicalmente novo em relação ao 'objeto' da ideologia psicológica ou filosófica de seus predecessores. O objeto de Freud é o *inconsciente*, que não tem nada a ver com os objetos [...] de todas as variedades da psicologia moderna" ("L'Objet du 'Capital'", p. 362, n. 33).

determinantes provindos do campo da psicanálise, importados da obra de Freud tal qual ela foi em particular relida por Lacan. Sob este aspecto, os efeitos da teoria psicanalítica se fazem entender na ordem do materialismo histórico e de um "materialismo dialético" emancipado de toda acepção mecanicista, bem como da referência à dialética hegeliana. Contudo, por outro lado, Althusser parece às vezes sugerir que é o *seu próprio trabalho* conduzido a partir de Marx, a propósito das formações sociais e da ideologia, notadamente, que pode permitir uma melhor compreensão da teoria psicanalítica e dos conceitos que ela põe em jogo. E de fato, para além da simples analogia, Althusser evoca em várias ocorrências de sua obra a possibilidade de uma fundação epistemológica da psicanálise pelo marxismo: poderíamos então conceber uma sorte de antecedência lógica se não cronológica do retorno a Marx com relação ao retorno a Freud, e uma inversão da modelização da teoria da ideologia pela teoria do inconsciente. Tal é, em particular, a pista desenhada, em 1966, nas *Três notas sobre a teoria dos discursos*: estas atribuem à psicanálise o estatuto de uma *teoria regional* que estaria ainda, na sua exigência de cientificidade, em busca de uma *teoria geral*, cujo "início de elaboração", ainda insuficiente, seria localizável nos trabalhos de Lacan, a partir do estabelecimento da relação diferencial entre o objeto da psicanálise e o objeto da linguística. A constituição desta teoria geral estava no cerne do programa filosófico de Althusser nesta época, que o identifica a uma combinação entre o materialismo histórico e uma teoria ainda a ser constituída, que não se confunde nem com a linguística, nem com a psicanálise, a saber, a *"teoria geral do significante"*, cujos objetos seriam "os mecanismos e os efeitos possíveis de todo *discurso* (significante)".[73]

---

73 Cf. sobre esse ponto L. Althusser, *Trois Notes sur la Théorie des Discours*, 1996, n. 1, em *Écrits sur la Psychanalyse*, p. 117-154. Cf. igualmente a carta de 13 de setembro de 1966,

1.2.3. A causalidade estrutural

A noção de *causalidade estrutural* designa, de maneira geral, a *"eficácia de uma estrutura sobre seus elementos"*. Ela constitui, segundo Althusser, como já assinalamos, um dos conceitos fundamentais implicados pela filosofia de Marx cuja leitura sintomal revela o lugar discreto em *O capital* e que se assinala sob o modo de uma "ausência desconcertante". Esse conceito constitui, com efeito, "o sustentáculo invisível-visível, ausente-presente de toda [a] obra [de Marx]".[74] A causalidade estrutural se define então como *"a determinação por uma estrutura"*. Ela designaria, em Marx, a causalidade que rege os fenômenos econômicos, uma vez que estes se inscrevem em uma certa estrutura, necessariamente complexa, que se poderia identificar ao "modo de produção" (unidade ou combinação, não isenta de contradição, das forças produtivas e das relações de produção).[75] Vê-se que esta primeira caracterização da causalidade estrutural possui inicialmente uma implicação negativa, que é a invalidação da concepção empirista da economia política clássica; essa, com efeito, encerra os fenômenos econômicos em um espaço plano e homogêneo, possuindo o caráter de um *dado*, regido por uma causalidade linear, de tipo mecânico e transitivo. A esta causalidade linear de inspiração galileana, que recebe a sua forma acabada no mecanismo de Descartes, opõe-se assim frontalmente à causalidade estrutural, na medida em que esta visa a prestar contas da eficácia de um *todo* sobre seus elementos. A complexidade do espaço no qual se inscrevem os fenômenos econômicos interdita a representação de uma simples causalidade analítica e mecânica para a inteligência desses fenômenos. De resto, o modelo mecanicista da relação causal geral entre estrutura e superestrutura se encontra igualmente rejeitado, na compreensão althusseriana

em *Lettres à Franca*, p. 711-712.
74   L. Althusser, "Du 'Capital' à la Philosophie de Marx", p. 24-25.
75   L. Althusser, "L'Objet du 'Capital'", p. 396-399.

da determinação *em última instância* (ao título de determinação complexa e não unívoca) pela base econômica.

Todavia, a causalidade estrutural se distingue também de um outro tipo de causalidade, destinado igualmente a pensar a eficácia do todo sobre os seus elementos, que encontra sua origem no conceito leibniziano de *expressão*, e comanda, ainda, o sistema de Hegel, enquanto causalidade expressiva. A causalidade estrutural não é uma causalidade expressiva, uma vez que precisamente, o conceito de *estrutura* que ela promove é irredutível à noção hegeliana de totalidade, identificada a uma totalidade "espiritual". Encontramos aqui manifestamente em jogo neste antagonismo da causalidade estrutural e da causalidade expressiva, a concepção marxista do todo social como estrutura complexa com dominante, oposta à concepção hegeliana, ela mesma de origem leibniziana, de totalidade expressiva (e centrada), em que a "essência interior" se encontraria expressa, sob um modo fenomenal, por seus elementos. A causalidade estrutural, nesse sentido, se compreende no quadro de uma teoria marxista da contradição em ruptura com a dialética hegeliana, e articulada a uma teoria da *sobredeterminação*, precisamente exposta em *Pour Marx*, implicando ela mesma o conceito de totalidade ou de estrutura complexa com dominante, a qual se reflete em toda contradição singular, toda contradição sendo sempre sobredeterminada.

É isso que Althusser destaca quando conecta o conceito de causalidade estrutural, existente em estado prático no sistema de Marx, mas cuja tematização filosófica é inacabada, e se enuncia principalmente sob a forma de um *problema*, àquele de sobredeterminação, de origem psicanalítica: "Tentei outrora dar conta desse fenômeno [a determinação, por uma certa estrutura, desses elementos, ou de uma outra estrutura] pelo conceito de *sobredeterminação*, emprestado da psicanálise, e pode-se supor que essa transferência de um conceito analítico à teoria marxista não é um empréstimo arbitrário, mas necessário, *uma vez que nos dois casos o que está em causa, há o mesmo problema teórico: com qual conceito pensar a determinação seja de um elemento, seja de uma estrutura, por uma estrutura?*".[76] Novamente, a referência à psicanálise, e a reivindicação da transferência de categorias psicanalíticas no campo do marxismo, visam a dar uma formulação teórica acabada a certos conceitos fundamentais convocados pelo pensamento de Marx. É assim, explica Althusser, que o conceito de causalidade estrutural se esclarece por sua aproximação com aquele de *"causalidade metonímica"*, o qual ele faz questão, aliás, de precisar que se trata de uma "expressão de J.-A. Miller para caracterizar uma forma da causalidade estrutural identificada por J. Lacan em Freud".[77] Seja como for, a causalidade metonímica parece ser requerida para a resolução do problema que se encontra quando, como o próprio Marx, tenta-se "pensar a determinação dos elementos de um todo pela estrutura do todo". Esta causalidade metonímica faz recordar evidentemente a caracterização lacaniana do processo de deslocamento inerente ao trabalho do sonho na teoria de Freud. Ela designa a eficácia de uma causa *ausente*, não no sentido de uma causa enigmática e inatribuível, ou de uma causa radicalmente transcendente com relação a seus efeitos, mas, ao contrário, no sentido de uma causa existente toda inteira, sem resto, no interior de seus efeitos.

Talvez sejamos remetidos, aqui, à hipótese freudiana dos dois discursos, e ao postulado de um discurso do inconsciente comandando, tal como uma estrutura ausente, todas as formações verbais e psíquicas; ou ainda, àquela de um desejo inconsciente, em sua forma metonímica, em que o sonho é a realização sempre necessariamente deformada e transposta. Assim, no que concerne a esta causalidade metonímica descoberta na leitura de Freud por Lacan, sem dúvida é útil se referir ao artigo de

---
76 Ibid., p. 404.
77 Ibid., p. 405, n. 42.

Lacan intitulado "A Coisa Freudiana".[78] Nesse texto consagrado ao sentido do retorno a Freud, e que revela a marca primordial e necessária da linguagem na constituição subjetiva, "a onipresença para o ser humano da função simbólica", Lacan atribui à verdade o estatuto de causa ("Eu, a verdade, falo"): no caso, a verdade faz do sujeito, identificado ao sujeito do inconsciente fundamentalmente distinto do eu imaginário, seu "legatário".

Essa tematização da verdade como causa que se endereça ao sujeito, convoca segundo Lacan, uma "revisão do processo de causalidade", que põe notadamente a "implicação do sujeito" em toda causalidade.

É necessário, igualmente, notar que a distinção entre o sujeito e o eu, convocado pela distinção lacaniana do simbólico e do imaginário, está no cerne da exposição apresentada por J.-A. Miller no quadro do seminário conduzido por Althusser sobre a psicanálise, no ano de 1963-1964.[79] J.-A. Miller, ao explorar a "ligação essencial entre linguagem e inconsciente", através do conceito de cadeia significante, examina em particular o estatuto da ordem simbólica definida por Lacan, na medida em que ela designa igualmente a "entrada na ordem humana", "pelos desfiles do significante". Esta entrada do sujeito, sob a figura da criança, na ordem humana é, pois, também, entrada na ordem da linguagem, como ordem do discurso do Outro, sob o modelo de uma necessária retroação da cultura com relação à natureza, já que ela constitui uma "ordem prevalecente". É nesse quadro simbólico que a necessidade da criança humana, em sua naturalidade problemática, se encontra sempre-já "despedaçada", imediatamente intimada a passar pelos desfiles do significante, ou seja, localizada sob o signo da falta e da perda.

78 J. Lacan, "La Chose Freudienne", em *Écrits*, p. 401-436 (cf. em particular as páginas 409-416).
79 Nós nos apoiamos aqui sobre as dotas tomadas por Étienne Balibar no curso do seminário na ENS de 1963-1964. Agradecemos Étienne Balibar pela generosidade de que ele fez prova fazendo-nos tomar conhecimento de suas notas.

Nesta perspectiva, que é a de uma conversão sempre-já advinda da necessidade do *desejo*, propriamente simbólica e cujo funcionamento é metonímico, se acha definido o "falo" como "significante dos significantes", a saber, como "o significante que cumpre função de significante da falta a ser que determina no sujeito sua relação ao significante". J.-A. Miller, então, precisa: "Esta relação entre a falta a ser e o desejo, não chamaremos 'causa', o que soaria mecanicista demais, mas 'metonímia'"; de sorte que "o desejo é a metonímia da falta a ser", a qual define o modo de ser do próprio sujeito. Talvez tenha sido a partir dessas fórmulas, que se relacionam à questão do sujeito, do desejo e da ordem simbólica, que Althusser construiu ou simplesmente extraiu o conceito de "causalidade metonímica".

Deve-se notar aqui, todavia, que Althusser permanece de fato extremamente lacônico quanto às implicações e à significação exata desta causalidade metonímica na ordem da psicanálise. Mas pode-se também supor que tal silêncio é fundado sobre uma razão particular: a psicanálise, não mais que a teoria de Marx parece ser, não chegou, segundo Althusser, a elaborar uma solução acabada ao problema fundamental que consiste em pensar a eficácia de uma estrutura sobre os seus elementos, ou sobre uma outra estrutura subordinada. Trata-se, antes disso, de um problema comum ao marxismo e à "teoria contemporânea" representada, notadamente, pela psicanálise e a linguística; com esta diferença, todavia, que essas duas disciplinas enfrentam o problema em questão "sem suspeitar que Marx, bem antes [delas], havia, literalmente, 'produzido'".[80] Novamente está em jogo aqui a hipótese de uma sorte de primado teórico subterrâneo do marxismo com relação à psicanálise, na sua versão propriamente "estrutural".

É ainda mais notável, a este respeito, que seja a referência a um autor da idade clássica, Espinoza, que, avesso a uma

---

80 L. Althusser, "L'Objet du 'Capital'", p. 403.

concepção unívoca e linear da história filosofia, desempenha o papel de esclarecimento decisivo para a definição desta causa ausente em jogo na causalidade estrutural. A solução que Espinoza, com uma "audácia inédita", propõe ao problema anteriormente mencionado, no qual se confrontam Marx, Freud, e talvez o próprio Lacan, não é nada além da teoria da causalidade imanente, exposta na primeira parte da Ética. Sobre o modelo desta causalidade imanente, a estrutura ausente, cuja eficácia cabe pensar, é uma estrutura cuja existência total "*consiste nos seus efeitos*", o que implica que "a estrutura, que não é mais do que uma combinação específica dos seus próprios elementos, não seja nada fora dos seus efeitos".[81]

Recordaremos ainda, na tematização althusseriana da causalidade estrutural, a afirmação do caráter *necessário*, e não arbitrário, da "transferência de um conceito analítico para a teoria marxista", tratando-se em particular do conceito de sobredeterminação. A necessidade dessa transferência conceitual, de um campo teórico a outro, se apoia sobre a tese da existência, precisamente, de um problema comum ao marxismo e à psicanálise. Tal necessidade implica, aparentemente, que o marxismo não se situa em uma relação de subordinação epistemológica em face da teoria psicanalítica, já que, na realidade, sob muitos aspectos, ele "produz" os problemas que esta encontra depois da descoberta de Marx. Lembremos, de resto, que em *Por Marx*, Althusser escreve que o parentesco entre psicanálise e marxismo, que se estabelece notadamente em torno do conceito de sobredeterminação "poderia, aliás, permitir em troca um acesso à realidade psicanalítica".[82]

---

81 Ibid., p. 405.
82 L. Althusser, *Pour Marx*, VI, 5, p. 212, n. 48.

2
A IDEOLOGIA, O INCONSCIENTE E A QUESTÃO DO SUJEITO

2.1. Teoria da ideologia e teoria do inconsciente

A questão da ideologia, isto é, da ordem imaginária inerente às formações sociais, está no cerne do trabalho filosófico conduzido por Althusser nas décadas de 1960 e 1970. A ideologia, que decorre topograficamente da superestrutura e, junto ao nível jurídico-político, constitui um dos seus dois "andares", tem por função assegurar a reprodução das condições e das relações de produção. Mas ela possui também uma realidade própria, específica, que faz dela um objeto teórico autônomo, ignorado como tal, contudo, a despeito de algumas exceções, na tradição marxista e, de uma certa maneira, pelo próprio Marx.

O retorno a Marx, nós vimos, não se reduz de modo algum a uma leitura simplesmente literal, mas engaja esta leitura sintomal visando a reparar e a expor os conceitos ainda literalmente ausentes, ou falhos, no entanto convocados pela descoberta de Marx. Nesse contexto, Althusser se empenha em uma teorização rigorosa do conceito *geral* de ideologia, ainda insuficientemente definido, ou definido sob um modo ambivalente, na obra de Marx, e em particular em *A Ideologia Alemã* de 1845. Em linhas gerais, a tematização original por Althusser da natureza e da função da ideologia se apoia sobre a tese, anteriormente evocada, de uma *autonomia relativa da superestrutura*; ela se compreende assim na continuidade de uma teoria da *sobredeterminação* ela mesma proveniente da recusa de uma compreensão economicista e mecanicista da tópica marxista, e da relação geral entre estrutura e superestrutura. Esta nova perspectiva é, consequentemente, oposta à redução, bastante comum, da esfera ideológica (política, jurídica, moral, religiosa, mas igualmente filosófica) a um efeito da base econômica, concebido sob o modelo do eco ou do reflexo invertido que é igualmente o da consciência. Assim, ela invoca, ao título mais geral, um "materialismo do imaginário", cuja figura tutelar é Espinoza. E ela se alimenta, igualmente, sob o aspecto dos *Aparelhos Ideológicos de Estado*, da tematização pascaliana do costume, a qual põe, seguindo o exemplo famoso do padre, o caráter determinante de rituais e de disposições materiais socialmente instituídas na produção das representações subjetivas, como a fé ou a crença.[1] Certamente, a reformulação althusseriana da função específica da ideologia tem precedentes em certos autores marxistas e mais particularmente na obra de Antonio Gramsci, com a utilização do conceito de *hegemonia*, no quadro da luta contra o economicismo.[2] Mas a compreensão singular da necessidade e da realidade específica da ordem ideológica, que se dá mais particularmente a entender no texto de 1970 intitulado "Ideologia e Aparelhos Ideológicos de Estado" através da tese famosa segundo a qual "a ideologia não tem história", reivindica simultaneamente uma outra origem, freudiana nesse caso.

---

1 Sobre esse ponto, cf. Pascal. *Pensées*. Texto preparado por Louis Lafuma, 944. Paris: Le Seuil, 1962 p. 378.
2 Cf. A. Gramsci. *Textes*. Edição realizada por André Tosel. Paris: Éd. Sociales, 1983, em particular as "Notes sur Machiavel", p. 256-318.

A concepção freudiana do inconsciente cumpre, com efeito, o papel de marco fundamental para a elaboração althusseriana do conceito de ideologia. Um tal papel não é somente reconhecido, mas expressamente destacado e posto em relevo por Althusser, quando ele apresenta, em 1970, seu próprio programa, de uma teoria *da ideologia em geral*, distinta das ideologias sempre ligadas às formações sociais particulares e associadas às configurações históricas determinadas: "[...] eu me considero autorizado, ao menos presumidamente, a propor uma teoria da ideologia em geral, no sentido em que Freud apresentou uma teoria do inconsciente em geral". Esse pôr em relação da teoria da ideologia com a ideologia do inconsciente e, em particular, com a concepção freudiana do *sonho*, sustenta-se em uma homologia notável, existente entre seus objetos respectivos, *a a-historicidade* da ideologia respondendo aqui diretamente à *eternidade* do inconsciente. "Para fornecer aqui uma referência teórica, eu diria [...] que nossa proposta: a ideologia não tem história, pode e deve (e de uma maneira que não tem absolutamente nada de arbitrário, mas que é ao contrário teoricamente necessária, porque há um laço orgânico entre as duas proposições) ser diretamente relacionada com a proposição de Freud de que *o inconsciente é eterno*, isto é, não tem história". Poderíamos inferir de uma primeira leitura desta apresentação programática da teoria da ideologia que a teoria psicanalítica constitui o seu modelo, ou pelo menos a funda. Esta interpretação é, portanto, condicionada, como aparece depois no texto anteriormente mencionado: "Se eterno quer dizer, não transcendente a toda história (temporal), mas onipresente, trans-histórico, portanto, imutável em sua forma em toda a extensão da história, eu retomarei palavra por palavra a expressão de Freud e escreverei: *a ideologia é eterna*, assim como o inconsciente. E acrescentarei que essa aproximação me parece teoricamente justificada pelo fato de que a eternidade do inconsciente está relacionada com a eternidade da ideologia em geral".³ Novamente, se encontra a ambivalência constitutiva da operação althusseriana de reconciliação ou de "parentesco" do marxismo e da psicanálise. Sob um primeiro aspecto, imediato, a teoria da ideologia se nutre de referências e de conceitos psicanalíticos como, veremos, a conceitualização propriamente freudiana do *sonho*, ou ainda a função, exposta por Lacan, de *reconhecimento-desconhecimento*. De maneira geral, então, parece mesmo que o conceito freudiano de inconsciente serve de modelo teórico ao conceito althusseriano de ideologia. No entanto, logo após ser enunciada, essa modelização tende a se reverter em seu contrário, e é então, em troca, a teoria marxista-althusseriana da ideologia, a teoria da realidade imaginária própria a toda sociedade, que é apresentada como a condição de inteligibilidade em última instância da concepção psicanalítica de inconsciente. A título de exemplo, pode-se evocar, de alguma maneira, esta "confidência pessoal" de Althusser, à respeito da origem dupla do conceito de reconhecimento-desconhecimento, que ocupa um lugar determinante na teoria da ideologia; em *Sobre a Reprodução*, Althusser escreve que, depois de ter definido, na esteira da reflexão freudiana de Lacan sobre o inconsciente, a ideologia pela função de reconhecimento-desconhecimento, ele "descobriu" que a formula estava incluída palavra por palavra em *A Ideologia Alemã*.⁴ Notaremos a este respeito o caráter igualmente decisivo desta função de *reconhecimento-desconhecimento* para a representação do sujeito como sujeito assujeitado e dividido, esse sujeito da "interpelação" envolvido no próprio mecanismo da ideologia. Tal função encontra,

---

3   L. Althusser, *I et AIE*, em *Positions*, p. 100-101 [*Ideologia e Aparelhos Ideológicos*, Graal, p. 84-85].
4   L. Althusser. *Sur la Reproduction*. Texto editado e apresentado por Jacques Bidet. Paris: PUF, 1995, cap. XII, p. 207, n. 103. Deve-se notar que esse manuscrito, esse longo estudo consagrado particularmente à questão da ideologia, jamais foi publicado durante a vida de Althusser, contrariamente ao texto publicado em 1970, "Idéologie et Appareils Idéologiques d'État", que constitui uma versão bem mais curta, e singularmente remanejada.

com efeito, uma primeira tematização na obra de Lacan que, desde "O Estádio do Espelho" (1949) colocava a distinção, ou a discrepância jamais reduzida, entre o sujeito e o eu tomados em sua identificação especular, imaginária por definição. Assim se marca, de maneira liminar, a importância do laço que une a teoria da ideologia à questão do sujeito, de um sujeito distinto do eu da filosofia clássica, e que não se encontra mais definido no prisma da consciência.

2.1.1. O problema da "representação" ideológica na tradição marxista

A concepção marxiana da ideologia, tal como ela é exposta em particular em *A Ideologia Alemã*, torna-se objeto de uma retomada crítica, sinônima de uma refundação teórica profunda por parte de Althusser. A tematização inicial da ideologia, nos termos do que poderíamos chamar uma especularidade simples, que a assemelha a uma sorte de reflexo invertido do processo da "vida real" no âmbito da base econômica, não permite, com efeito, conceber plenamente sua realidade específica, nem sua inteligibilidade própria; tampouco, aliás, os teóricos pré-freudianos do sonho, que o reduziam a um nada ou a um resto caótico da vida diurna, não permitem captar seu sentido oculto, nem os mecanismos ou o trabalho específicos.[5] *A Ideologia Alemã*, em cuja obra Marx e Engels produzem a crítica de sua antiga consciência filosófica, representada pela filosofia alemã pós-hegeliana, notadamente feuerbachiana, começa com uma descrição da ideologia nos termos gerais da "produção das ideias, das representações, da consciência". A ideologia não se reduz então à esfera da imaginação dos homens, mas envolve igualmente a ordem da produção intelectual: ela engloba assim

---

5 A respeito das insuficiências da concepção dos fenômenos ideológicos apresentada em *A Ideologia Alemã*, e da necessidade de renovar a abordagem freudiana de *A Interpretação dos Sonhos*, no próprio quadro da teoria da ideologia, cf. *I et AIE*, p. 98-101.

os registros da política, das leis, do direito, da moral, da religião, da metafísica, próprias a um povo ou a uma sociedade dada,[6] e se estende, então, a esse título, à ordem especulativa da própria filosofia. O regime da *representação*, característico da ideologia, é identificado nessa perspectiva àquele da consciência. Tal regime é fundamentalmente aquele da inversão fantasmática do mundo real, isto é, da ilusão. *A Ideologia Alemã*, com efeito, institui uma distinção constitutiva entre a *realidade* (a atividade material dos homens produzindo suas próprias condições de existência, ao princípio do processo histórico) de um lado, e a *consciência* de outro, atribuída precisamente à ordem da ilusão. Essa crítica virulenta da categoria filosófica da consciência, bem como das categorias afins de "Substância" ou de "Essência do homem", rege, além disso, igualmente, no plano epistemológico, a oposição entre uma "ciência real", e uma teoria materialista da história cujo objeto é a atividade determinada dos homens no quadro da produção material, e um pseudossaber, uma concepção idealista da história (reduzida assim a "uma ação fictícia de sujeitos fictícios") cujo princípio seria as representações que os homens possuem de seu próprio agir histórico, concepção articulada, no caso, às "fraseologias sobre a consciência".[7] Se "a consciência não pode jamais ser outra coisa que o ser consciente", e se "o ser dos homens é o seu processo de vida real", então a consciência possui realidade paradoxal apenas enquanto determinação segunda; ela constitui somente um efeito, sem verdadeira eficácia própria, do processo de vida real inerente à esfera das forças produtivas, e das formas de organização da produção.

Consequentemente, com a equivalência geral posta entre ideologia e consciência, a própria ideologia se encontra, ao

---
6 Karl Marx e Friedrich Engels. *L'Idéologie Allemande*, I, A, em Karl Marx, *Œuvres* III, p. 1056.
7 Ibid., p. 1057. A propósito da crítica da categoria filosófica de consciência, e do uso que dela é feito no quadro de uma teoria da história, cf. igualmente, p. 1061-1063 e 1069-1072.

menos num primeiro momento, reduzida a uma representação fantasmagórica ou invertida da "vida real", e desprovida, nesse sentido, de autonomia. É isso que a célebre metáfora da *câmara escura* implica, ao descrever o funcionamento da ordem ideológica como um funcionamento necessariamente *especular*, em espelho, como evidencia o exemplo da inversão da retina característico do mecanismo psicológico da visão: "Se em toda ideologia, os homens e sua condição aparecem de cabeça para baixo como em uma *câmara escura*, esse fenômeno decorre de seu processo de vida histórica, tal como a inversão dos objetos sob a retina provém de seu processo de vida diretamente físico".[8] A ideologia se define assim como o regime do mundo invertido, por onde se marcam sua insuficiência e sua irrealidade singular. As "formações nebulosas do cérebro humano" são apenas "sublimações necessárias do processo material" da vida dos homens; de tal maneira que os "reflexos" e os "ecos ideológicos" não são explicáveis senão sob a condição de serem relacionados à base que constitui esse processo material, da qual eles emanam sob o modo característico de uma ocultação ou de um esquecimento dessa origem, dessa dependência primeira diante da vida real. Tal esquecimento, de resto, dá a medida da ilusão constitutiva em jogo nos fenômenos ideológicos.

A ausência de autonomia da esfera ideológica, devida a seu estatuto de determinação causal segunda, conduz, assim, à tese marxiana da *ausência de história* da ideologia: "Consequentemente, a moral, a religião, a metafísica e todo o resto da ideologia, assim como as formas de consciência que lhes correspondem, não conservam mais seu semblante de independência. Elas não têm nem história, nem desenvolvimento [...]".[9] Mas mesmo que Althusser, por sua vez, retome e acentue de maneira geral a crítica marxiana da consciência como ordem necessária

---

8 Ibid., p. 1056.
9 Ibid., p. 1056-1057.

da ilusão, ou a crítica das categorias filosóficas correlatas de sujeito, de livre-arbítrio e de vontade, ele parece desfazer a equivalência posta por Marx entre *consciência* e *ideologia*. É isso que testemunham, sobretudo, a comparação das leis e do funcionamento da ideologia àqueles do inconsciente na conceituação freudiana, e a referência ao marco teórico crucial que constitui a psicanálise. Desse modo se encontra igualmente contestada a tese original de *A Ideologia Alemã*, da ausência de autonomia da ideologia. Esta seria uma das lições da concepção althusseriana da autonomia relativa da superestrutura, que tende notadamente a dissipar os últimos vestígios de uma concepção empirista do pensamento e do conhecimento, princípio da assimilação dos fenômenos ideológicos a abstrações, a efeitos segundos do processo de vida real; concepção empirista com a qual *A Ideologia Alemã* e o próprio *O Capital*, não teriam ainda rompido totalmente.

É assim que, de modo notável, Althusser devolve contra a tese aparentemente mecanicista de Marx sua própria fórmula da a-historicidade da ideologia, para lhe conferir um sentido totalmente diferente, inverso daquele que parecia ser o seu em *A Ideologia Alemã*; mesmo que, destaca Althusser em várias ocasiões, o texto desta obra da ruptura se revele complexo e não unívoco sob muitos aspectos. O fato é que a ideologia não tem história, não no sentido de que toda sua realidade estaria para fora dela própria, na produção material ou na "vida real", mas na medida em que ela possui, ao contrário, uma efetividade própria, e uma necessidade específica: a ideologia é imutável e omni-histórica, porque ela é uma dimensão necessária e irredutível de toda formação social. Tal é o sentido mais imediato da comparação com a compreensão freudiana do sonho, que lhe restitui sua coerência oculta. Essa parece ser igualmente a lição da comparação explicitada em "Ideologia e Aparelhos Ideológicos de Estado", da definição de ideologia em *A Ideologia Alemã*, à concepção do sonho como fenômeno privado de sentido desenvolvida pela maior parte dos autores anteriores a Freud; como se se tratasse para Althusser, no caso, de retomar e de reatualizar o programa de *A Interpretação dos Sonhos*, para constituir uma teoria verdadeiramente *marxista* da ideologia.

2.1.2. A teoria freudiana do sonho e a hipótese do inconsciente

Originalmente, na conceituação freudiana proposta pela primeira vez na *Traumdeutung*, o sonho, compreendido de modo geral como a realização de um desejo de origem infantil proveniente do inconsciente, inscreve-se em uma causalidade psíquica inteiramente própria. Longe então de constituir um fenômeno aberrante ou desprovido de sentido, ele possui uma inteligibilidade específica, que o eleva à função de objeto teórico efetivo. Na perspectiva aberta por Freud, o sonho se emancipa da falta de estatuto preciso que possuía nas concepções neurofisiológica, biológica e psicológica da atividade onírica, em vigor na virada do século XIX para o XX. A inteligibilidade do sonho assim afirmada supõe, como sua condição, *a hipótese* teórica do inconsciente e a elaboração correlata, desde a *A Interpretação dos Sonhos*, da primeira tópica, que põe a distinção e a oposição entre dois sistemas psíquicos principais, o sistema inconsciente (notado *Ics*) e o sistema pré-consciente (notado *Pcs*). Para retomar a fórmula freudiana, o sonho, a "interpretação dos sonhos", constitui a "*via régia*" que conduz à descoberta do inconsciente, ao "*conhecimento do inconsciente na vida psíquica*".[10] De fato, a generalização da teoria do sonho à teoria do inconsciente constitui uma questão decisiva na *Traumdeutung*, apresentada no capítulo 7. É essa hipótese do inconsciente que Freud opõe à uma dupla tradição, a da psicologia clássica e a da "filosofia".

---

10 S. Freud, *L'Interpretation des Rêves*, cap. 7, V, p. 517.

A primeira, a psicologia clássica, reduz principalmente o sonho a um fenômeno de origem fisiológica, referindo-se a uma etiologia somática, ou, no melhor dos casos, a um resíduo caótico da vida diurna, da ordem da ilusão e do *non-sens*. Uma unanimidade reina assim, no fim do século XIX, entre os autores que trataram do sonho antes de Freud: o sonho seria caracterizado por sua incoerência, seu desprezo pelas regras lógicas, e em particular por sua ignorância do princípio de contradição, como atesta o absurdo do seu conteúdo. Isso seria o índice de uma desagregação das funções intelectuais superiores na atividade onírica, que autorizaria a identificação do sonho a um estado de "anarquia psíquica".[11] Contra essa teoria reinante, Freud estabelece que o absurdo do sonho, de seu conteúdo, não é mais do que uma aparência. De maneira geral, a incoerência do sonho é o efeito da censura psíquica que se exerce sobre ele na hora de sua elaboração. Uma correlação decisiva se encontra desta forma posta entre o *non-sens aparente* do conteúdo do sonho e a noção de "trabalho do sonho", que, conforme vimos, designava os mecanismos fundamentais do sonho, produzindo, por meio da condensação e do deslocamento, a transposição dos pensamentos inconscientes em conteúdo manifesto. Assim, o autor de *A Interpretação dos Sonhos*, sustentando-se na tese inédita segundo a qual o sonho é um processo com sentido, suscetível de se inserir logicamente "na trama da experiência psíquica", isola previamente quatro fatores criadores do sonho: "a tendência à condensação", "a obrigação de escapar da censura" pelo deslocamento, "a tomada em consideração da figurabilidade", bem como a "elaboração secundária" devida à instância psíquica que ordinariamente desempenha o papel de censura, isto é, o sistema pré-consciente.[12] Ora, se deixarmos de lado a elaboração secundária, os três fatores principais de criação do

---

11 Ibid., cap.1, e notadamente V, p. 56-64.
12 Ibid., cap. 6, IX, p. 425.

sonho apresentam concordâncias notáveis com *o(s) processo(s) primário(s)* característicos segundo Freud da forma de atividade psíquica em jogo no inconsciente, e distintos dos *processos secundários* no âmbito do sistema pré-consciente-consciente cujo objetivo é prender ou inibir a energia de investimento psíquico proveniente do sistema inconsciente, e impedir a livre circulação dessa energia de uma representação para outra.[13] Os processos primários, em ação no trabalho do sonho, mas igualmente nas psiconeuroses que são a histeria e a obsessão, se apresentam como fenômenos aberrantes pelo pensamento de vigília, na exata medida em que eles implicam principalmente o *deslocamento*, pelo qual o *quantum* de investimento de uma representação pode ser transferido a uma outra, e a *condensação*, que permite reunir sob uma só representação o investimento de várias outras. Esses processos primários, com efeito, estão estreitamente associados a outros princípios, que são a ausência de contradição ou de negação, e, conforme veremos, *a intemporalidade*, ou seja, a indiferença que diz respeito à ordenação temporal das representações no "pensamento normal". Ora, o trabalho do sonho revela igualmente uma indiferença notável a respeito das relações lógicas prevalentes, por outro lado, na ordem dos processos secundários. Ligando as representações por compressão, associando-as por assonância ou por homologia segundo o princípio do jogo de palavras, o sonho ignora de fato o princípio de não contradição.

Tal compreensão do trabalho do sonho põe assim em jogo o axioma geral, no fundamento da psicanálise, segundo o qual "as atividades de pensamento mais complicadas podem se produzir sem que a consciência participe".[14] A subversão de uma ordem

---

13 A respeito da distinção entre processos primários e processo secundários, cf., *L'Interprétation des Rêves*, cap. 7, V, p. 500-517. Cf. igualmente *Métapsychologie* (1915). Paris: Gallimard, 1986, p. 95-100 (Folio Essais).
14 S. Freud, *L'Interpretation des Rêves*, cap. 7, V, p. 504.

lógica que ocorre no pensamento de vigília, a "transvaloração total de todos os valores psíquicos" entre os pensamentos do sonho e o próprio conteúdo do sonho, não designam na atividade onírica uma ausência de causalidade, um simples *non-sens*: a ignorância do princípio de contradição, a intemporalidade, os mecanismos de deslocamento e de condensação, desenham, no caso, uma lógica particular e uma *causalidade propriamente psíquica*, que são as do inconsciente. A concepção psicanalítica do sonho implica então uma revisão considerável da própria noção de causalidade psíquica articulada à hipótese do inconsciente e dos processos primários que o governam. A causalidade psíquica doravante postulada não é mais identificável àquela da vida em vigília, cujas características, contrárias àquelas do processo primário e advindas do sistema pré-consciente-consciente, são a "capacidade de comunicação entre os conteúdos das representações", a "ordenação temporal" desses conteúdos, a "introdução da censura ou de várias censuras", e o "princípio de realidade".[15] O segundo tipo de concepção ao qual se opõe a teoria psicanalítica do sonho é a concepção que Freud chama às vezes *"filosófica"*, segundo a qual existe uma equivalência estrita, de ordem conceitual, entre a consciência e a vida psíquica. O postulado filosófico clássico, que é também o da psicologia tradicional, estabelece, com efeito, que "o consciente é o caráter indispensável do psíquico".[16] Tal postulado, contudo, não resiste à análise das formações sintomáticas próprias às neuroses e tampouco à análise do trabalho do sonho: essas põem em relevo precisamente a existência de processos primários independentes do sistema pré-consciente-consciente e, por isso, irredutíveis às leis do pensamento de vigília, regido por um princípio de realidade cuja consciência, e mais geralmente o sistema *Pcs-Cs*, são os representantes no aparelho psíquico. Assim a psicanálise,

---
15 S. Freud, *Métapsychologie*, "L'Inconscient", p. 99.
16 S. Freud, *L'Interpretation des Rêves*, cap. 7, VI, p. 519.

e a "metapsicologia" em geral, não podem se constituir como ciências senão a partir da rejeição explícita desta equivalência conceitual clássica do psíquico e do consciente. A reivindicação desta ruptura epistemológica e filosófica é uma constante da obra de Freud, pois está explicitamente reiterada no texto de 1923, "O eu e o isso", mesmo que aqui uma segunda tópica tenha substituído aquela da *Traumdeutung*.

É em *A Interpretação dos Sonhos*, sabemos, que se pode ler a primeira elaboração do conceito freudiano de inconsciente, com a primeira representação espacial, ou *tópica*, das diferentes instâncias do aparelho psíquico.[17] A definição originária desse conceito empenha, então, uma tentativa de separação radical do inconsciente da esfera consciência, a despeito de *remanescências terminológicas* que implicam a manutenção, no próprio registro da oposição ou da negação, da categoria consciência. Assim, a primeira tópica parece distinguir, na verdade, não três, mas dois sistemas, o sistema *Ics* e o sistema *Pcs-Cs*, sendo a prioridade teórica atribuída geralmente ao pré-consciente e não ao consciente. Fundamentalmente, a censura que se exerce no sonho opera entre o *Ics* e o *Pcs*, mesmo que exista igualmente uma censura podendo se exercer entre o *Pcs* e o *Cs*, e a oposição entre processos primários e processos secundários engloba aquela do sistema *Ics* e do sistema *Pcs*. A atribuição ao sistema *Pcs*, na primeira tópica, do papel de oponente principal ao sistema *Ics*, parece implicar que a consciência não possui, ela própria, mais do que uma função periférica, um papel de auxiliar do sistema *Pcs*.

Assim, contrariamente ao que a terminologia em jogo na primeira tópica poderia deixar entender, o inconsciente em sua acepção especificamente freudiana *não se limita à ausência de consciência*, ou ao que seria suscetível de se tornar consciente por uma reorientação da atenção do sujeito. Eis uma questão

---

17 Ibid., cap. 7, II, em particular p. 455-460.

fundamental da distinção, estabelecida desde a *Traumdeutung*, entre *dois tipos de inconsciente*: o inconsciente no sentido somente descritivo, suscetível de tornar-se consciente, designando o que é simplesmente latente e decorrente, portanto, do sistema *Pcs*, e o inconsciente no sentido sistêmico, definindo, assim, um sistema, o sistema *Ics*. Esse último tipo de inconsciente constitui o objeto teórico específico da descoberta de Freud. O inconsciente, conforme a hipótese basilar da psicanálise, não é suscetível *como tal* de tornar-se consciente. Na medida em que ele se identifica primeiramente ao recalcado, ele permanece inacessível em si, ele "*não pode em nenhum caso atingir a consciência*".[18] Enfatizamos aqui que no texto de 1923, "O eu e o isso", que propõe uma nova representação espacial das instâncias do aparelho psíquico nos termos do isso, do eu, e do supereu, a tese da irredutibilidade do inconsciente a uma consciência simplesmente ausente, ou simplesmente negada, não somente não desapareceu, mas encontra-se, ao contrário, acentuada. Se os próprios termos do inconsciente, do pré-consciente e do consciente são abandonados, Freud mantém, portanto, expressamente a distinção entre os dois tipos de inconsciente: o inconsciente em sentido próprio, distinto do pré-consciente ou do latente, é ainda identificado com o "recalcado, que é em si, e a bem da verdade, incapaz de tornar-se consciente".[19] Recordamos que a revisão da primeira tópica procede ela própria de uma revisão da teoria do *eu*, eu que aparece como possuindo uma parte capaz de referir-se ao inconsciente. Essa revisão desemboca, assim, numa complexificação das diversas modalidades do inconsciente, a exemplo da representação nova de um inconsciente não recalcado. No entanto, a separação teórica radical do inconsciente e do consciente, longe de ser

---
18 Ibid., cap. 7, VI, p. 522.
19 S. Freud, "Le Moi et le Ça", 1.*Essais de Psychanalyse*. Paris: Éd. Payot, 1981, p. 225.

ultrapassada é, ao contrário, amplificada,[20] como se se tratasse precisamente de produzir uma teoria do inconsciente sem relação com a consciência; o que o próprio abandono da antiga terminologia da "consciência" no aparelho conceitual da segunda tópica testemunharia. A esse respeito, a tese fundamental da *Traumdeutung*, de uma irredutibilidade conceitual do inconsciente à categoria clássica da consciência, encontra na segunda tópica notáveis prolongamentos. Pode-se inferir daí, de maneira geral, que a segunda tópica, muito mais que a primeira, mas em sua esteira, já demanda uma superação da própria definição do inconsciente *em relação* à categoria de consciência.

Althusser nos convida a tal superação (que permaneceu ainda inacabada na obra de Freud) seguindo Lacan. Este, no texto intitulado "Posição do inconsciente", sustentava que o "inconsciente *não é* uma espécie que define, dentro da realidade psíquica, o círculo daquilo que não tem o atributo (ou a virtude) da consciência".[21] Assim, segundo Althusser: "Será necessário um dia chamar por um outro termo, positivo, a realidade que Freud designa negativamente por *o inconsciente*. No mesmo termo positivo deverá desaparecer todo laço, mesmo negativo, com a 'consciência'".[22] Desde 1965, em "Freud e Lacan", Althusser saudou essa separação crucial das categorias de consciência e inconsciente instituída por Freud na *Traumdeutung*, na ocasião da teorização do trabalho do sonho nos termos do deslocamento e da condensação. Se posicionam explicitamente no campo de uma concepção linguística da psicanálise articulada à noção

---

20   Ibid., p. 229.
21   J. Lacan, "Position de l'Inconscient", 1960, retomado em 1964, em Écrits, p. 830. em "Subversion du Sujet et Dialectique du Désir dans l'Inconscient Freudien", 1960, Lacan, identificando o inconsciente a uma "cadeia de significantes que em algum lugar (numa outra cena, escreve ele [Freud]) se repete e insiste, para interferir nos cortes que lhe oferece o discurso efetivo e a cogitação à qual ele dá forma", precisa igualmente que "no campo freudiano, apesar das palavras, a consciência é traço [...] caduco para fundar o inconsciente sobre sua negação" (Écrits, p.799).
22   L. Althusser, *Sur la Reprodution*, cap. XII, "De l'Idéologie", p. 210, n. 106.

lacaniana de um discurso do inconsciente, rejeitando as "interpretações filosófico-idealistas do inconsciente" tal como a de Sartre ou de Merleau-Ponty.[23] E em um outro texto, de 1967, intitulado "Sobre Feuerbach", consagrado à crítica da filosofia feuerbachiana no sentido em que teria servido de ponto de referência a uma teoria "pseudomarxista da ideologia", articulada ao modelo da especularidade simples, Althusser recusou igualmente uma leitura da descoberta de Freud nos termos de uma "hermenêutica do sentido", proposta notadamente por Ricœur. Com efeito, assevera, a "descoberta fundamental de Freud" significa em primeiro lugar que "o inconsciente é outra coisa que os efeitos do sentido da consciência, os efeitos de um outro mecanismo, irredutível ao campo de toda hermenêutica possível, um outro discurso".[24] A concepção propriamente psicanalítica do inconsciente, que se lê desde a *Traumdeutung*, induz então a uma reviravolta teórica profunda da própria noção de realidade psíquica, pois segundo a fórmula de Freud, "o inconsciente é o próprio psíquico e sua realidade essencial". Mas essa concepção mobiliza também, simultaneamente, uma revisão decisiva da própria noção de consciência. Com efeito, se a "*natureza íntima*" do inconsciente "*nos é* tão *desconhecida quanto a realidade do mundo exterior*" devemos reconhecer que "*a consciência nos informa sobre ele de uma maneira tão incompleta quanto nossos órgãos dos sentidos sobre o mundo exterior*".[25] A consciência, como sugere essa comparação com a atividade perceptiva, não pode mais constituir o modelo da vida psíquica; ela é reduzida a não ser mais "do que *um órgão de sentido que permite perceber as qualidades psíquicas*", sob o modo de uma percepção necessariamente imperfeita, tanto quanto possa ser a percepção subjetiva do mundo exterior. Não somente a consciência não

---

23 L. Althusser, "Freud et Lacan", p. 23-24.
24 L. Althusser, "Sur Feuerbach", p. 226.
25 S. Freud, *L'Interprétation des Rêves*, cap. 7, VI, p. 520.

é mais a instância determinante ou a diretriz da vida psíquica, mas ela perde correlativamente sua qualidade tradicional que seria aquela de um conhecimento interno, transparente e indubitável do conjunto dos processos psíquicos. Por sua caracterização nos termos de um simples órgão perceptivo, governando o acesso à motilidade, a consciência se encontra destituída de sua função tradicional, a de dispositivo central e hegemônico na organização da vida psíquica. Assim pode-se entender a comparação do inconsciente, na *Traumdeutung*, a "um grande círculo que cercaria o consciente dentro de um círculo menor".[26] A segunda tópica, afirmando que a consciência não é mais que uma "qualidade do psíquico que pode somar-se a outras qualidades ou permanecer ausente",[27] acentua esse processo de dissolução dos atributos clássicos da consciência. Longe de constituir o todo da vida psíquica, a consciência constitui apenas a *superfície* do aparelho psíquico. Nessa perspectiva singular, o eu, contrariamente aos postulados da filosofia clássica de obediência cartesiana "é antes de tudo um eu corporal, não é somente um ser de superfície, mas é ele mesmo a projeção de uma superfície", sob o duplo aspecto da "projeção mental da superfície do corpo", e da superfície do aparelho mental.[28] Como vemos, a referência althusseriana à teoria freudiana do *sonho*, a referência à primeira teorização do *inconsciente*, tem como desafio a destituição da psicologia clássica e da identificação filosófica tradicional da consciência à essência da vida psíquica. Nesse sentido, a psicanálise fornece armas teóricas decisivas na luta empreendida contra as diversas filosofias da consciência. Mas ela destaca igualmente a hipótese de uma causalidade própria ao sistema inconsciente, causalidade específica irredutível às leis do pensamento de vigília, que

---

26 Ibid., cap. 7, VI, p. 520.
27 S. Freud, "Le Moi et le Ça", 1, p. 223.
28 Ibid., 2, p. 230-238.

constitui o modelo teórico decisivo da causalidade específica em jogo na ideologia.

2.1.3. Eternidade do inconsciente e necessidade da ideologia: um materialismo do imaginário

Como vimos, o recurso à teoria psicanalítica na elaboração althusseriana da ideologia se acompanha e se justifica da tese de uma homologia fundamental entre a eternidade do inconsciente e a eternidade da ideologia em geral.

Convém enfatizar a esse respeito que a modalidade da eternidade, mais literalmente da *intemporalidade*, constitui com efeito na perspectiva original da psicanálise uma característica das formações do inconsciente, do mesmo modo que o processo primário, condensação e deslocamento, e a ignorância do princípio de contradição, correlativa da ausência de dúvida. Desde a *Traumdeutung*, se encontram afirmadas a *indestrutibilidade* e a *imortalidade* do *desejo* de origem infantil cuja realização é o sonho. Este desejo que provém do inconsciente está, com efeito, para o adulto, sempre pronto a se reativar; ele não pode ser aniquilado, como também não podem ser as "sombras dos infernos em *A Odisseia*" ou os "Titãs da lenda, esmagados desde a origem dos tempos sob as pesadas massas de montanhas que os deuses vencedores rolaram sobre eles: às vezes, os arrepios de seus membros, ainda hoje, chacoalham essas montanhas". De maneira geral, os desejos inconscientes em jogo na formação do sonho são sempre ativos, "por assim dizer, imortais", na medida em que eles podem, a despeito do recalque, abrir uma via e exprimir-se enxertando uma "excitação vinda do consciente", sobre a qual eles transferem sua intensidade própria. Tal imortalidade dos desejos inconscientes de origem infantil não é mais do que um aspecto da indestrutibilidade característica dos atos psíquicos "verdadeiramente inconscientes, ou seja, que pertencem apenas ao sistema inconsciente", por oposição aos fenômenos relativos ao sistema pré-consciente, por sua vez, destrutíveis.[29] Nesse sentido, se "no inconsciente nada termina, nada passa, nada é esquecido", se a indestrutibilidade é "uma característica proeminente dos processos inconscientes",[30] existe uma eternidade específica do inconsciente, eternidade que a *Metapsicologia* compreende posteriormente sob o vocabulário da intemporalidade. Segundo a *Metapsicologia* com efeito, "os processos do sistema *Ics* são *intemporais*, isto é, não são ordenados no tempo, não são modificados pelo fluxo do tempo, não tem absolutamente nenhuma relação com o tempo. A relação com o tempo é assim ligada ao trabalho do sistema *Cs*". Tal intemporalidade, consequentemente se revela estreitamente ligada à ausência de negação ou de dúvida, sendo a negação e a dúvida obras do sistema pré-consciente-consciente que visam a inibir o fluxo psíquico que escoa no sistema *Ics*. Assim, segundo Freud, a intemporalidade figura no número de "atributos que devemos esperar encontrar nos processos pertencentes ao sistema *Ics*", da mesma maneira que a *ausência de contradição*, o *processo primário* (mobilidade dos investimentos) e a *substituição da realidade exterior pela realidade psíquica*.[31] A *intemporalidade* do inconsciente ou sua "eternidade" pode ser considerada como um correlato dos mecanismos de condensação e de deslocamento, e da ausência de negação ao princípio das formações do sistema *Ics*. Enquanto tal, ela é também a marca da causalidade específica em ação nesse sistema na medida em que ele é constituído por processos primários, os quais, lembremos, "não são desvios, faltas, erros de pensamentos, mas os modos de trabalho do aparelho psíquico quando liberado de toda inibição".[32] Esses modos de trabalho definem, sob as categorias

---

29 S. Freud, *L'Interpretation des Rêves*, cap. 7, III, p. 470-471, e n.1, p. 470.
30 Ibid., cap. 7, IV, p. 491.
31 S. Freud, *Métapsychologie*, "L'Inconscient", p. 97.
32 S. Freud, *L'Interprétation des Rêves*, cap. 7, V, p. 514.

gerais de condensação, de deslocamento e de sobredeterminação, uma causalidade complexa, um certo tipo de ordenação das representações inconscientes, fundado sobre cadeias associativas múltiplas, irredutível ao princípio lógico de não contradição. Assim, pode-se compreender em particular a causalidade em ação no sonho como uma construção muito complicada, que implica a apresentação sempre deformante da causalidade "normal". Essa deformação ou complexificação encontra uma ilustração particular na analogia, estabelecida por Freud, entre o trabalho do sonho e o jogo de palavras, na medida em que o trabalho do sonho remete a uma "sintaxe equívoca que permite expressar vários dos pensamentos do sonho".[33] Esse regime de equivocidade, igualmente realçado em *O Chiste e sua Relação com o Inconsciente*, longe de se confundir com o *non-sens*, revela a singularidade da causalidade em ação no inconsciente: esta, em sua articulação e em sua complexidade, opõe-se a uma causalidade simples e linear, que seria a do tempo, identificado com a ordem de sucessão temporal.

É difícil, sob esse aspecto, não aproximar a teoria freudiana da processualidade complexa dos atos psíquicos inconscientes da tematização althusseriana anteriormente evocada da *causalidade estrutural*, da sobredeterminação e da crítica relacionada, no texto de *Ler O Capital* intitulado "O objeto do 'Capital'", de uma concepção continuísta do tempo, em particular do tempo histórico. Na perspectiva marxiana, a definição hegeliana do tempo como tempo contínuo, homogêneo e linear se acha invalidada, na medida em que ela é, ela mesma, comandada pela categoria de totalidade expressiva, mobilizada pela compreensão do todo social e correlativa da noção de uma "contemporaneidade do presente". Em virtude do conceito específico de *todo complexo articulado com dominante*, Marx afirma, com efeito, a

---

33 Ibid., cap. 6, IV, p. 293.

multiplicidade e a diferença dos tempos correspondentes a cada nível da estrutura, nível econômico, nível político, nível ideológico etc.; cada nível da estrutura complexa detendo, de certo modo, uma história própria, devido ao fato de sua autonomia relativa. Mais especificamente, para retomar um exemplo de Althusser, "o tempo da produção econômica não é redutível ao tempo dos relógios", mas define muito mais um tempo complexo, em si ilegível e invisível, do qual se trata de construir o conceito. Ora, a construção de tal conceito constitui um imperativo teórico análogo ao da construção, na perspectiva aberta por Freud, do conceito de um "tempo do inconsciente" irredutível ao "tempo da biografia". A intemporalidade do inconsciente em sua acepção psicanalítica poderia, então, também ser entendida como a marca de um tempo descontínuo, plural e heterogêneo, característico de uma causalidade de tipo estrutural ou metonímico, em ruptura com a "evidência ideológica da continuidade do tempo", seguindo uma fórmula de "O objeto do 'Capital'".[34] Conforme destacamos, a tese da eternidade ou da a-historicidade da ideologia tem por significação primeira a necessidade da produção ideológica. A ideologia que segundo uma expressão de *Por Marx*, "*faz [...] organicamente parte, como tal, de toda totalidade social*",[35] não se reduz, não mais que o sonho na compreensão freudiana, à ordem arbitrária da fantasmagoria ou da ilusão. No caso, sua necessidade se concebe nos termos de uma causalidade específica. Ela responde a mecanismos particulares, assim como as formações do sonho são regidas por certos mecanismos característicos, no caso a condensação e o deslocamento. Existiria assim uma causalidade interna ao campo ideológico como existe, segundo Freud, uma causalidade psíquica específica no sistema *Ics*.

---

34 Cf. L. Althusser, "L'Objet du 'Capital'", p. 283-288.
35 L. Althusser, *Pour Marx*, cap. VII, IV, p. 238.

Mede-se assim a originalidade da posição defendida por Althusser no quadro da filosofia marxista, através da tese da autonomia relativa da superestrutura, e a da eternidade da ideologia fundada sobre a analogia entre teoria do inconsciente e teoria da ideologia. Trata-se, com efeito, de identificar a lógica latente e imanente à esfera ideológica, já que o projeto visa a fazer a teoria, não mais das ideologias, mas da *ideologia em geral*; o que implica que a ideologia constitua um objeto teórico autônomo, e que a ideologia, enquanto tal, seja uma dimensão inerente a toda formação social, não importa qual, ou seja, inerente também, como poderíamos supor, a uma sociedade sem classes resultante de uma revolução comunista. A crítica dos vestígios de "positivismo-historicismo" ou de mecanicismos ainda presentes em *A Ideologia Alemã*, como a exposição de uma *materialidade* da ideologia sinônima de sua necessidade e de sua irredutibilidade ao simples registro do erro e da ilusão, implica, assim, duas formas de desvios ou de mediações teóricas. Ela implica, certamente, de um lado, o "desvio por Espinoza", cuja teoria do primeiro gênero de conhecimento, "que se recusava a considerar a ideologia como simples erro ou ignorância nua, uma vez que fundava a relação do imaginário sobre a relação dos homens com o mundo 'expressa' pelo estado de seus corpos", permite a constituição de um "*materialismo do imaginário*" necessário para o projeto de constituição de uma teoria da ideologia *em geral*.[36] Mas tal projeto tem também por requisito fundamental o desvio por Freud, e inicialmente pela teoria freudiana do sonho, pois a representação de uma causalidade de um outro tipo que a causalidade em ação no sistema *Pcs-Cs*, de uma causalidade não temporal e não linear, constitui a matriz teórica da processualidade particular que governa, segundo Althusser, a esfera ideológica.

---

36 L. Althusser, *Éléments d'Autocritique*, 4, p. 72-73.

Notemos enfim que a tese da necessidade da ideologia em sua acepção althusseriana, é reforçada por uma segunda característica da ideologia (depois de sua eternidade ou sua a-historicidade). A ideologia, com efeito, não é simplesmente uma representação – invertida – da vida real, mas uma "representação de representação". Segundo a fórmula de Althusser, que parece fazer eco à noção de um funcionamento específico do imaginário e de suas leis, "a ideologia é uma "representação" da relação imaginária dos indivíduos com suas próprias condições reais de existência".[37] Essa tese singular da reflexividade dupla, de algum modo, no princípio da ordem ideológica, vem acentuar, de maneira muito geral, a crítica do modelo mecanicista do reflexo ou do eco, que inscreve esta ordem ou este elemento da ideologia em um tipo de relação simples e direta com o "mundo real", do qual ele seria apenas inversão fantasmagórica. De resto, tal tese se acompanha de uma outra tese, igualmente determinante, a da *materialidade* da ideologia, convocada pela noção propriamente althusseriana de *Aparelhos Ideológicos de Estado*. A ideologia é material, e não espiritual, na medida em que ela só existe sob a forma de práticas, de condutas ou de disposições socialmente instituídas, de rituais provenientes, precisamente, dos Aparelhos Ideológicos de Estado (AIE); estes, o AIE escolar, o AIE religioso, o AIE familiar, o AIE da informação, o AIE sindical ou ainda o AIE cultural, são *instituições* cujo objetivo é a reprodução das condições da produção, mas cujo funcionamento não é (à diferença do aparelho repressivo de Estado, exército, polícia, justiça) o da repressão, fundado sobre o exercício da força. Os AIE, ao contrário, "funcionam à ideologia", quer dizer, estão no princípio das representações ou de crenças subjetivas necessárias à reprodução das condições e singularmente das relações de produção, no quadro da divisão

---

37 L. Althusser, *I et AIE*, p. 101.

social do trabalho. Essas crenças subjetivas não são primeiras, mas advêm precisamente, à revelia do próprio "sujeito" das representações, de sua inscrição na materialidade prática, ou seja, desse dispositivo socialmente instituído que é o AIE.[38] Deve-se supor, como dá a entender a própria noção de AIE, a existência de um regime específico – e material – do imaginário, a existência de um funcionamento próprio da ideologia, irredutível nesse sentido à ordem simples da *representação* do real, e mais particularmente desta representação do real invertido que constitui a *consciência*, na acepção da qual ela é revestida notadamente em *A Ideologia Alemã*.

De modo mais específico ainda, parece que a tese althusseriana da reflexividade dupla inerente à "representação" ideológica contribui igualmente para acentuar a distinção entre o regime da ideologia e o da consciência, e para reforçar a hipótese original de uma homologia de estrutura entre leis da ideologia, concebida em sua *omni-historicidade*, e leis do *inconsciente*. Em *Por Marx* já se encontra a tese segundo a qual a ideologia, enquanto sistema de representações dotado de uma função não mais teórica, mas "prático-social", define, não mais a relação dos homens com suas condições de existência, mas *o modo* pelo qual vivem essa relação, simultaneamente real e imaginária. Ora, se a relação da ideologia com o "real" das condições de existência nas relações de produção não é simples, mas complexa, se ela constitui uma "relação de relações, uma relação em segundo grau", é inicialmente, na medida em que as representações próprias à ordem ideológica não se reduzem a ideias, a ideias conscientes, mas designam as "*estruturas*", os "objetos culturais percebidos-aceitos-recebidos" que "agem funcionalmente" sobre os homens e se impõem a eles. Isso explica, de resto, que a relação vivida dos homens com o seu mundo, na ideologia, não

---

38 Ibid., p. 81-97.

aparece "'*consciente*' senão sob a condição de ser *inconsciente*".
Em outros termos, a potência ou a eficácia própria da ideologia, considerada sob o aspecto de sua função prático-social, enquanto sistema de representações de massa, implica que ela tenha "muito pouco a ver com a 'consciência'" que seja até "profundamente *inconsciente*". Essa natureza profundamente inconsciente da ideologia garante sua causalidade própria, causalidade que poderia ser chamada também de estrutural e que é, também, a das determinações inconscientes. Esse tipo de causalidade constitui a forma de sua necessidade singular, ligada ao seu caráter omni-histórico, se é verdade, segundo o axioma althusseriano, que "a ideologia não é uma aberração ou uma excrescência contingente da História", mas sim "uma estrutura essencial à vida histórica das sociedades".[39]

---

39 Sobre esse ponto, cf. L. Althusser, *Pour Marx*, cap. VII, IV, p. 238-240.

3
A IDEOLOGIA E A CONSTITUIÇÃO DO SUJEITO

3.1. A interpelação em sujeito 1: ideologia e ordem simbólica

Uma das teses fundamentais, e sem dúvida a mais célebre, da teoria althusseriana da ideologia é a da *interpelação em sujeito*. "A ideologia interpela os indivíduos em sujeitos", na medida em que, segundo Althusser, "não há ideologia senão pelos sujeitos e para sujeitos".[1] Contudo, esse papel teórico crucial concedido à categoria de *sujeito* na análise do funcionamento específico da ideologia não está isento de ambiguidades e deixa entrever certo número de dificuldades. Antes de tudo, Althusser tem a preocupação de especificar que se a ideologia, por natureza, institui os indivíduos em sujeitos, em "sujeitos concretos", a categoria de sujeito é ela mesma constitutiva de toda ideologia, o que supõe um jogo de dupla constituição em que a definição althusseriana permanece altamente elíptica, para não dizer enigmática.[2] Além

---
1 L. Althusser, *I et AIE*, p. 109-110 [Graal, p. 93].
2 A respeito desta "dupla constituição", que parece também implicar em Althusser o ser sempre-já sujeito do sujeito interpelado, a partir de uma estrutura fundamental que é a do assujeitamento, remetemos em particular às análises de Judith Butler em: *La Vie Psychique du Pouvoir*. Paris: Éd. Léo Scheer, 2002, cap.4, p. 165-198. Para uma outra leitura da teoria

disso, essa categoria de sujeito revela-se ideológica por excelência, na medida em que não há sujeitos a não ser na esfera ideológica, na medida em que não há sujeito da ciência, por exemplo; e, no entanto, parece eterna e necessária tal como a própria ideologia. Se a ideologia *em geral* é omni-histórica, então a categoria de sujeito, por definição implicada em seu mecanismo fundamental, não é tampouco atribuível a uma sequência determinada da história da filosofia, a que será aberta com a revolução científica do século XVII, por exemplo. Essa tese da omni-historicidade da categoria sujeito, contudo, parece dificilmente compatível com outras análises recorrentes em Althusser, desde as conferências sobre *Psicanálise e Ciências Humanas* até a *Resposta a John Lewis*, que parecem, por sua parte, identificar a noção de sujeito a um dispositivo filosófico singular, aquele da época moderna, em relação com a "ideologia jurídica burguesa".

Parece-nos que estas dificuldades são também o índice da importância da questão do sujeito, e de sua teorização, mesmo que ambígua ou inacabada, na obra de Althusser. Tais dificuldades podem ser se não dissipadas, ao menos em parte esclarecidas quanto a suas implicações, se relacionarmos o texto "canônico" "Ideologia e Aparelhos Ideológicos de Estado" a um texto anterior, que constitui em muitos aspectos a sua matriz teórica, a saber, "Freud e Lacan".

A ideologia se define, em sua essência omni-histórica, pelo mecanismo da interpelação do indivíduo em sujeito, ou seja, por uma intimação a ser sujeito, sinônimo de humanização, na medida em que, segundo Althusser, "o homem é por natureza um animal ideológico".[3] Parece existir em "Ideologia e Aparelhos

---

althusseriana da interpelação, procedente em particular de uma crítica da análise butleriana cf. o artigo de Franck Fischbach "Les Sujets Marchent tout Seuls... Althusser et l'Interpretation" em: *Althusser: une Lecture de Marx*. Coordenado por Jean-Claude Bourdin. Paris: PUF, 2008, p. 113-145. Cf. igualmente Slavoj Zizek. *Le Sujet qui Fâche*. Paris: Flammarion, 2007, 3ª parte, e em particular, cap. 5, p. 345.

3 L. Althusser, *I et AIE*, p. 111.

Ideológicos de Estado", uma equivalência teórica fundamental entre a ordem ideológica, o devir-humano e o devir-sujeito.

Em primeiro lugar é significativo, nesse sentido, que a tematização da interpelação em sujeito atribua um lugar central a uma estrutura de *assujeitamento*, no caso, assujeitamento à "Lei" que também desempenha um papel determinante na conceituação lacaniana do sujeito, compreendido como *sujeito do inconsciente*. Essa estrutura de assujeitamento encontra-se particularmente em jogo no exemplo althusseriano da interpelação policial ("Ei, você aí!"), que põe em cena e figura o processo de subjetivação. Este supõe, com efeito, no indivíduo interpelado, no indivíduo ao qual se endereça a injunção, o ato de *virar-se*, que implica por sua vez a obediência à lei e o reconhecimento de si mesmo como destinatário da ordem: "Um indivíduo (em 90% dos casos é este o alvo) vira-se, crendo-supondo-sabendo que se trata de si, ou seja, reconhecendo que 'é ele mesmo' que é visado pela interpelação".[4] Assim, nesse processo elementar de "virar-se", por meio do qual o indivíduo concreto encontra-se *ipso facto* transformado ou convertido em sujeito concreto, se encontra ilustrado o que Althusser denomina "efeito ideológico elementar", a saber, a evidência ou a certeza de ser sujeito, sujeito livre, sujeito moral, sujeito responsável por seus atos, sujeito único e insubstituível. Contudo, especifica Althusser, tal transformação dos indivíduos em sujeitos não se efetua segundo a ordem de uma sucessão temporal, ela é em realidade *imediatamente* sobrevinda e operante, na própria medida em que a ideologia define o meio ou o elemento necessário para toda existência humana, seu horizonte intransponível ou ainda "o elemento e a atmosfera indispensáveis à respiração, à vida histórica [das sociedades humanas]".[5] Em vez disso, deve-se compreender que, em virtude de sua necessidade e de sua eternidade

---

4 Ibid., p. 113-114.
5 L. Althusser, *Pour Marx*, VII, IV, p. 283.

"a ideologia sempre-já interpelou os indivíduos em sujeitos" de sorte que "*os indivíduos são sempre-já sujeitos*". Em "Ideologia e Aparelhos Ideológicos de Estado", Althusser ilustra esse primado da interpelação em sujeito por meio de um exemplo explicitamente tomado de Freud: o do "ritual ideológico" que envolve a espera do nascituro. A criança, tomada em uma "configuração ideológica familiar específica", antes mesmo de seu nascimento, é "sempre-já sujeito", ou seja, "intimada a sê-lo". Assim, "já se sabe desde o início que portará o sobrenome de seu pai, terá então uma identidade, e será insubstituível". Essa intimação, ou essa pré-intimação ideológica a ser sujeito, que se exerce sobre o pequeno homem desde sua concepção, se encontra posta em relação com essa "pega" do inconsciente que comanda na perspectiva freudiana as "'etapas' pré-genitais e genitais da sexualidade", e opera em todos os estágios do desenvolvimento da criança.[6] A referência a Freud, nesse contexto, pode também ser compreendida como uma referência implícita a Lacan, de que dá testemunho, por exemplo, a retomada do conceito de "Nome-do-Pai". Na perspectiva lacaniana original, o *Nome-do-Pai*, uma vez que é compreendido como "a figura da lei", constitui o suporte de uma função simbólica[7] cujo caráter primordial invalida particularmente uma leitura biologizante da teoria freudiana dos estágios. Sobre esse ponto particular, que concerne ao devir-sujeito da criança, o texto "Ideologia e Aparelhos Ideológicos de Estado" representa uma continuidade notável em face do artigo intitulado "Freud e Lacan".

Sabemos, com efeito, que esse texto de Althusser de 1964-1965, trata da questão da cientificidade, ainda problemática, da psicanálise e dá a entender a significação crucial, a esse respeito, do retorno a Freud conduzido por Lacan. Este último, segundo

---
6 L. Althusser, *I et AIE*, p. 115-116.
7 J. Lacan. "Fonction et Champ de la Parole et du Langage em Psychanalyse" em *Écrits*, p. 278.

Althusser, procura identificar *o objeto* da psicanálise na medida em que ela não se reduz a uma simples prática empírica, mas constitui, de fato, uma *teoria*, em sua própria exigência de cientificidade. Ora, Lacan demonstra que o objeto da psicanálise, na perspectiva aberta pela descoberta freudiana do inconsciente, não é nada mais que a compreensão do *devir-humano* desse pequeno ser biológico que é a criança. Este devir-humano é sempre um *devir-sujeito*, pois o filhote do homem é, antes mesmo do seu nascimento, necessariamente assujeitado a uma ordem simbólica preexistente, sempre-já intimado a ocupar seu lugar de sujeito na ordem humana que é, em primeiro lugar, uma ordem de linguagem. Para dizê-lo de outro modo, o objeto da psicanálise são os efeitos do inconsciente, e de sua ordem simbólica, sobre o devir-humano. Se essa passagem do biológico ao humano implica por definição uma subjetivação, uma constituição em sujeito, ela se produz sob a égide da *ordem simbólica*. Segundo Lacan, essa ordem simbólica é característica da linguagem, na medida em que esta não se reduz a um sistema de sinais unívocos, mas implica a "função inter-humana do símbolo". A ordem simbólica, igualmente em jogo na sobredeterminação essencial às formações do inconsciente, define a ordem humana, na medida em que o homem é animal falante, ou mais exatamente, "preso à linguagem" necessariamente e sempre-já tomado no elemento da linguagem e da fala.[8] Assim, se compreende o efeito de retroação da "Lei de Cultura" sobre a natureza, que

---

8   Sobre o tema da distinção lacaniana entre *simbólico*, *imaginário* e *real*, cf. em particular J. Lacan, *Des Noms-du-Père*, p. 11-63. Desde 1953, Lacan sustentava que "a descoberta de Freud é a do campo das incidências, na natureza do homem, de suas relações com a ordem simbólica, e do remontar de seu sentido às instâncias mais radicais da simbolização no ser". ("Fonction e Champ de la Parole et du Langage en Psychanalyse", em *Écrits*, p. 275). Esse ponto decisivo da descoberta freudiana tal como a compreende Lacan é claramente e notavelmente destacado por Althusser, em "Freud et Lacan". Como estabeleceu Jacques-Alain Miller na edição crítica do seminário de J. Lacan, *Des Noms-du-Père* (Le Seuil, p. 105), a origem da noção lacaniana de ordem simbólica, enquanto ela designa a própria ordem do inconsciente, pode ser relacionada ao artigo de Claude Lévi-Strauss, "L'Efficacité Symbolique", 1949, retomado em *Antropologie Structurale*, cap. 10, (Pocket, "Agora", p. 213-234).

define a ordem humana e que implica que toda humanização, toda subjetivação, passa por um *assujeitamento* do indivíduo a essa ordem da "linguagem objetivante", a esta ordem simbólica, "que permitirá, enfim, [à criança] dizer: eu, tu, ele, ela, que permitirá, pois, ao pequeno ser situar-se como *criança humana* em um mundo de terceiros adultos". Esse assujeitamento toma, nesse caso, a forma paradoxal de uma anterioridade, de "A Lei do Simbólico", que é aquela do inconsciente, a *todos os momentos* do devir-humano da criança. Essa Lei opera, com efeito, sobre o momento edipiano, momento *simbólico* do surgimento da figura do terceiro ou do pai, que vem romper a dualidade da relação narcísica da criança com a mãe, mas igualmente sobre o primeiro momento, o momento da fascinação *imaginária* da criança pela mãe identificada como seu "alter ego".

De maneira geral, pois, Lacan, ao afirmar a anterioridade da ordem simbólica sobre a ordem imaginária do *ego*, expôs essa "pega do inconsciente" questionada, ulteriormente, em "Ideologia e Aparelhos Ideológicos de Estado", sobre todas as etapas da subjetivação, isto é, da humanização. "Ele demonstrou – escreve Althusser – que [a passagem da existência biológica à existência humana] se operava sob a Lei da Ordem que chamarei de Lei de Cultura, e que essa Lei da Ordem se confundia na sua essência *formal* com a ordem da linguagem".[9] A "Lei de Cultura", nesse sentido, se apresenta como uma reformulação da noção de ordem simbólica, que já implicava para Lacan, que "os símbolos envolvem, com efeito, a vida do homem com uma rede tão total que unem antes que ele venha ao mundo àqueles que vão engendrá-lo 'pelo osso e pela carne', que eles trazem no seu nascimento com os dons dos astros, senão com os dons das fadas, o desenho de sua sina, que eles ofereçam as palavras que

---

9   L. Althusser, "Freud et Lacan", p. 23-30. Cf. igualmente, sobre a Lei de Cultura que implica que a cultura "precede-se constantemente, absorvendo aquele que irá tornar-se um sujeito humano", *Psychanalyse et Sciences Humaines,* 2ª Conferência, p. 81-97.

o farão fiel ou renegado, a lei dos atos que o seguirão mesmo onde ele não está ainda e para além de sua própria morte [...]".[10] Essa noção de ordem simbólica, cuja heteronomia e onipotência sobre o homem, "antes de seu nascimento" e "além de sua morte", são afirmadas por Lacan desde os anos 1950,[11] no quadro da compreensão da descoberta freudiana do inconsciente, encontra-se novamente trabalhada por Althusser, que a estende à teoria das formações sociais e, portanto, simultaneamente, à teoria da ideologia. Ao axioma lacaniano da "onipresença para o ser humano da função simbólica"[12] responde o axioma althusseriano da omni-historicidade e da necessidade da ideologia. Mais especificamente, o processo de subjetivação descrito em "Freud e Lacan" provém desse *assujeitamento* em virtude do qual "todas as etapas atravessadas pelo pequeno homem estão sob o reino da Lei, do código de intimação, de comunicação e de não-comunicação humanos", de sorte que "suas 'satisfações' levam em si a marca indelével e constituinte da Lei, da pretensão da Lei humana que, como toda lei, não é 'ignorada' por ninguém [...]".[13] Tal assujeitamento está também em ação no mecanismo ideológico primordial da *interpelação em sujeito* examinado em "Ideologia e Aparelhos Ideológicos de Estado". Da mesma maneira que a ordem ou a estrutura da linguagem, como ordem do inconsciente, preexiste a todo sujeito humano, a tal ponto que as necessidades primordiais da criança se veem repentinamente fragmentadas e modeladas, segundo a fórmula de Lacan, "nos desfiles da estrutura do significante",[14] a ideologia recruta

---

10 J. Lacan, "Focntion et Champ de la Parole et du Langage en Psychanalyse", em *Écrits*, p. 279. [*Escritos*. 4. ed. São Paulo: Perspectiva, 1996, p. 144]
11 Cf. igualmente J. Lacan, "Situation de la Psychanalyse et Formation du Psychanalyste en 1956", em *Écrits*, p. 468-469.
12 J. Lacan, "La Chose Freudiene", em *Écrits*, p. 415.
13 L. Althusser, "Freud e Lacan", p. 27.
14 J. Lacan, "La Direction de la Cure et les Príncipes de son Pouvoir", 1958, em *Écrits*, p. 618. A respeito da fragmentação primordial [*principiel*] da necessidade da criança humana, e de sua designação a se transformar em *desejo*, sob o selo da falta e da perda, pela

os indivíduos em sujeitos, obrigando-os a realizar "a longa marcha forçada, que de larvas mamíferas, faz das crianças humanas, *sujeitos*".[15] Note-se que a teoria geral do significante, esboçada por Althusser em *Três notas sobre a teoria do discurso* de 1966, na medida em que identifica a *função-sujeito* com o efeito característico do discurso enquanto discurso ideológico, função-sujeito cujo efeito próprio, mais uma vez, seria o efeito *sujeito-do-inconsciente*,[16] vem reforçar a hipótese de uma proximidade teórica determinante entre ideologia e ordem simbólica.

3.2. Assujeitamento e subjetivação: o sujeito e o Sujeito

Uma questão essencial de "Ideologia e Aparelhos Ideológicos de Estado" é a compreensão dos mecanismos de assujeitamento inerentes a toda estrutura ideológica: este assujeitamento está em jogo na interpelação em sujeito, mas também no assujeitamento ao Sujeito por excelência que é Deus, tal qual se dá a entender no caso da ideologia religiosa.

É, com efeito, através da "ideologia religiosa cristã", um "exemplo" particular e que não tem, no entanto, nada de anódino, que Althusser põe em evidência um traço característico da constituição em sujeito: o assujeitamento do sujeito a um Outro, definido como *Sujeito*, que ocupa o lugar central e garante a identidade subjetiva daquele que o reconhece como tal e que se encontra reconhecido por ele. Este assujeitamento a um *Outro Sujeito*, Único, Absoluto e central, a saber, Deus, é ainda mais decisivo, já que representa a condição da própria interpelação em sujeito.[17] A interpelação dos sujeitos *pelo seu nome*, "em

---

onipotência da ordem simbólica, isto é, a passar "pelos desfiladeiros do significante", cf. igualmente p. 628.
15 L. Althusser, "Freud et Lacan", p. 22.
16 L. Althusser, *Trois Notes sur la Théorie des Discours*, em *Écrits sur la Psychanalyse*, n. 1, p. 131-140.
17 Ibid., p. 118. Note-se que essa fórmula do Êxodo pela qual Deus se revela a Moisés,

Nome" do Sujeito absoluto, parece assim constituir o modelo explicativo de toda interpelação em sujeito.

Para ilustrar este mecanismo de interpelação do sujeito pelo Sujeito, Althusser recorre em particular ao exemplo veterotestamentário da revelação de Deus a Moisés. No Êxodo, Deus "chama" Moisés, ou seja, lhe confere um nome, seu nome ("Moisés!") enquanto nomeia a si mesmo ("Eu sou o que sou").

Deus, Sujeito por excelência, interpela então Moisés ao lhe dar uma identidade subjetiva, supostamente única e insubstituível, pela imposição do nome "Moisés"; identidade na qual Moisés se reconhece, seguindo o mesmo processo por meio do qual ele se submete à palavra e à vontade de Deus ("Sou eu (mesmo)!, diz Moisés, eu sou Moisés teu servo, fale que eu te escutarei!").

O efeito ideológico elementar que constitui, para o sujeito, a "evidência" de sua própria existência subjetiva é, aqui, indissociável do mecanismo de seu assujeitamento ao "grande Sujeito dos sujeitos", Deus, o qual detém a função de *garantir* a existência e a identidade do sujeito: com efeito, este "Sujeito Absoluto ocupa o lugar único do Centro, e interpela em torno de si a infinidade de indivíduos em sujeitos".

Do estudo deste mecanismo de assujeitamento do sujeito ao Sujeito, Althusser retira dois ensinamentos, que contribuem para a destituição da transparência do sujeito clássico. Antes de qualquer coisa, o próprio termo *sujeito* carrega uma ambiguidade constitutiva, pois remete de um lado à noção de uma subjetividade livre, no princípio de seus atos, e de outro lado, uma estrutura de submissão e de assujeitamento a um *Outro Sujeito*, o que implica o *descentramento* do primeiro sujeito, o sujeito assujeitado. O segundo ensinamento, correlativo ao primeiro, é a tese de uma *dupla especularidade* em jogo na estrutura de

---

"Eu sou Aquele que Sou", ou "Eu sou o que sou" encontra-se igualmente analisada por Lacan, no quadro do seminário interrompido em 1963 consagrado aos *Nomes-do-Pai* e à definição das ordens *simbólica, imaginária* e *real* (*Des Noms-du-Père*, p. 92).

toda ideologia, na medida em que toda ideologia interpela os indivíduos em sujeitos "em nome de um Sujeito Único e Absoluto", os sujeita ao Sujeito, "dando-lhe, ao mesmo tempo, no Sujeito no qual qualquer sujeito pode contemplar sua própria imagem (presente e futura), a *garantia* de que realmente trata--se deles e Dele". Essa estrutura duplamente especular da ideologia está então em ação "no reconhecimento mútuo entre os sujeitos e o Sujeito, entre os próprios sujeitos, e finalmente no reconhecimento de cada sujeito por si mesmo".[18] Ela invalida o que Althusser, em outro texto, chama de "teoria ideológica da ideologia", segundo a qual a ideologia advém de uma estrutura especular *simples*, implicada pela relação especular do sujeito e do objeto, na qual o sujeito, identificado a um *sujeito constituinte*, ocupa o lugar do *centro*, enquanto os objetos especulares, objetivações do sujeito, estão situados na periferia. A essa teoria que encontra sua origem na filosofia de Feuerbach, através da teoria do reflexo,[19] Althusser opõe a concepção singular de um desdobramento *interno* à esfera ideológica, através da temática do assujeitamento do sujeito ao Sujeito. Essa temática está no princípio da representação não clássica de um *sujeito descentrado*, ou "ex-cêntrico", de um sujeito não mais constituinte, mas verdadeiramente constituído, em sua relação especular com o Outro Sujeito.

Ora, a noção de um sujeito descentrado, de um sujeito que se constitui em sua relação de separação e de assujeitamento a um Outro, lugar da fala, garantia da verdade, sob a figura, por exemplo, do *Sujeito suposto saber* (Deus ou o psicanalista),

---

18   L. Althusser, *I et AIE*, p. 119-120 [Graal, p. 102-103].
19   Sobre esse ponto, cf., L. Althusser, "Sur Feuerbach", p. 180-222. Althusser, porém, especifica que a filosofia feuerbachiana fornece os elementos decisivos de uma teoria adequada da ideologia, na medida em que ela já implica, paradoxalmente, a temática do descentramento do sujeito, com a tese de um redobramento interno da estrutura ideológica, em virtude da qual "o objeto do sujeito", Deus, torna-se também o "Sujeito do sujeito", enquanto "Sujeito supremo".

encontra na obra de Lacan um ponto de ancoragem original e decisivo. Pode-se dizer que Lacan produz o conceito de *grande Outro*, lugar da fala e do significante, do qual depende o *sujeito*, na medida em que ele é por definição submetido ao significante, assujeitado à ordem simbólica do inconsciente definido como "discurso do Outro com O maiúsculo". A tese lacaniana do assujeitamento ao Outro, lugar da fala, como própria condição da subjetivação, já implica explicitamente a noção não psicológica de um sujeito identificado ao sujeito do inconsciente, ao o puro e evanescente sujeito da enunciação. Este sujeito do inconsciente se revela por essência dividido, descentrado ou "ex-centrado", em virtude da "excentricidade radical", descoberta por Freud, "de si consigo mesmo que o homem enfrenta".[20] Uma tal excentricidade se revela ligada a essa divisão, corte ou "refenda" constitutiva do sujeito (a *Ichspaltung*) convocada por sua subordinação ao significante, na medida em que não existe sujeito senão sujeito falante, e porque a fala do sujeito advém apenas *no lugar do Outro*. Sua excentricidade, seu descentramento distinguem o *sujeito*, literalmente incapturável, do *eu*, de suas identificações e de sua captura imaginárias, como já destaca Lacan no artigo de 1949 intitulado "O Estádio do Espelho".

Mais especificamente ainda, a *dialética do sujeito e do Outro* em sua acepção lacaniana atribui ao Outro a função decisiva de garantia da verdade.[21] O Outro, lugar da própria fala do sujeito, constitui igualmente o Sujeito suposto saber. No quadro do seminário de 1964, ocorrido na Escola Normal Superior, posteriormente publicado sob o título *Os Quatro Conceitos Fundamentais da Psicanálise*, Lacan reafirma e precisa a tese da

---

20 Cf. J. Lacan, "L'Instance de la Lettre dans l'Inconscient ou la Raison depuis Freud", em *Écrits*, p. 524. Concernente à relação do *sujeito* com o *grande Outro*, cf. igualmente, entre os numerosos textos de Lacan relativos a essa questão, "Subversion du Sujet et Dialectique du Désir dans l'Inconscient Freudien" (1960), em *Écrits*, em particular p. 800-816.
21 J. Lacan, "L'Instance de la Lettre dans l'Inconscient ou la Raison depuis Freud", em *Écrits*, p. 524.

alienação verdadeiramente constitutiva do sujeito ao Outro, na medida em que "o Outro é o lugar onde se situa a cadeia do significante que comanda tudo o que poderá se presentificar do sujeito".[22] Esta alienação também é entendida na relação que liga o sujeito, identificado com o *sujeito da ciência*, à questão da verdade, cujo fundamento, a garantia, de certo modo metafísica, cabe precisamente a esse Sujeito suposto saber que é o Deus cartesiano, monarca todo-poderoso e, nessa condição, livre criador das verdades eternas.[23] Talvez – e isso não é nada além de uma hipótese – o privilégio concedido por Althusser, pela ilustração do mecanismo de interpelação em sujeito, à *ideologia religiosa*, que atribui ao Outro Sujeito, Deus, a função de garantia da própria existência dos sujeitos a ele assujeitados, possa ser entendida em referência a esta tematização lacaniana original do Sujeito suposto saber, cuja primeira figura filosófica é aquela do Deus não enganador.[24] É certo, porém, que a questão metafísica da verdade e de seu fundamento está bem mais presente em Lacan do que em Althusser para a compreensão da submissão fundadora do sujeito à figura do Outro. Além disso, Lacan funda sua concepção da dialética do sujeito e do Outro a partir de uma retomada – certamente singular – do *cogito* cartesiano que permanece, como veremos, essencialmente alheia à abordagem althusseriana.

3.3. A interpelação em sujeito 2: ideologia e imaginário

A evidência de ser sujeito, como primeiro efeito ideológico, repousa sobre uma dupla função: a função de *reconhecimento-desconhecimento*, escreve Althusser.[25] Este conceito de

---

22 J. Lacan. *Les Quatre Concepts Fondamentaux de la Psychanalyse*, XVI. Paris: Le Seuil, p. 228 (Points).
23 Ibid., III, p. 44-45, e p. 250-252.
24 Esta seria uma razão particularmente negligenciada por Judith Butler, no capítulo 4 de *A Vida Psíquica do Poder*, no qual ela explica a importância do exemplo religioso na concepção althusseriana da ideologia pelo papel que seria o da *culpabilidade* no apego dos sujeitos com seu próprio assujeitamento.
25 L. Althusser, *I et AIE*, p. 111-122.

reconhecimento-desconhecimento é diretamente e explicitamente tomado de Lacan, mesmo que dele possamos localizar um primeiro esboço na própria obra de Marx, quer se trate de *A Ideologia Alemã*, ou ainda, talvez, da célebre passagem do livro I de *O Capital* consagrada ao "caráter fetichista da mercadoria e seu segredo". Marx nesse texto mostra, com efeito, que os homens na sociedade mercantil, ao tomar uma relação social por uma relação entre as próprias coisas (os produtos do trabalho que são as mercadorias), simultaneamente *reconhecem e desconhecem* a origem social do valor, o tempo de trabalho socialmente útil, que supõe, ele mesmo, a estrutura das relações de produção. Assim, a "fantasmagoria" não se dissipa, depois da descoberta científica da origem social do valor. Essa teoria da *ilusão* em Marx, que poderia muito bem constituir um esboço da teoria da ideologia, parece, todavia, estar inacabada: ela destaca uma certa necessidade da ilusão, mas ao mesmo tempo mantém a redução desta ilusão a uma fantasmagoria, desprovida de realidade por si mesma, simples aparência e reflexo da realidade das relações de produção.[26] De maneira geral, no entanto, o conceito de reconhecimento-desconhecimento marca um traço específico do *sujeito* segundo Althusser, a opacidade a respeito de si mesmo, pela qual esse mesmo sujeito, em sua natureza ideológica de ser assujeitado e interpelado, se distingue necessariamente do *eu* da filosofia clássica, deste espírito que conhece a si mesmo de modo direto e absolutamente indubitável. O ensino de Freud, que quebra a equivalência conceitual do psíquico e da consciência, e sua retomada lacaniana, revelam-se aqui determinantes. Em "O Estádio do Espelho", Lacan já afirmava a distância jamais preenchida entre o *eu* [*je*] e sua imagem especular, e esse *eu* [*moi*] ao qual ele se identifica

---

26 Cf. K. Marx, "O Caráter Fetichista da Mercadoria e seu Segredo", em: *Le Capital*. Livro I, 1ª seção, cap. I, IV. In: *Œuvres, Économie*, I. Paris: Gallimard, p. 604-619 (Bibliothèque de la Pléiade).

enquanto permanece preso a uma discordância irredutível com esta identificação propriamente imaginária.[27] A representação de uma clivagem ou de uma divisão essencial do sujeito, na medida em que supõe sempre um *entre-dois-sujeitos*, ainda se encontra acentuada nas décadas de 1950 e 1960 com a demarcação teórica do conceito de *sujeito*, submetido à ordem *simbólica* do inconsciente, e do conceito de *eu* [*moi*], proveniente da ordem *imaginária*, demarcação que remete à do sujeito da enunciação e do sujeito do enunciado. O sujeito se reconhece, certamente, no eu [*moi*], mas ele apenas se reconhece ali ao se alienar. De sorte que, no rastro de Freud, devemos manter "essa distinção fundamental entre o sujeito verdadeiro do inconsciente e o *eu* [*moi*] como constituído em seu núcleo por uma série de identificações alienantes".[28] Por esta via se desdobra, no próprio quadro do antipsicologismo, a crítica lacaniana radical das ilusões de um eu autônomo, bem como aquelas da consciência, essa "miragem" constituída por "essa falsa recorrência *ad inifinitum* da reflexão".[29] Acompanhando o ensinamento da segunda tópica freudiana, Lacan estabelece que a consciência não é sequer o privilégio do *eu* [*moi*], uma vez que não se pode mais concebê-lo adequadamente como centrado sobre *o sistema percepção-consciência*: a concepção do estágio do espelho coloca, com efeito, expressamente a *função de desconhecimento* no princípio da formação do eu [*moi*], e de sua captura imaginária.[30] Ao recusar

---

27 A partir do fato de sua captura imaginária, de sua natureza especular, a "instância do *eu* [*moi*]", escreve Lacan, está situada "numa linha de ficção, para sempre irredutível para o simples indivíduo - ou melhor, que só alcançará assintoticamente o devir do sujeito, qualquer que seja o sucesso das sínteses dialéticas pelas quais ele tenha que resolver, na condição de eu [*je*], sua discordância com sua própria realidade" ("Le Stade du Miroir Comme Formateur de la Fonction du Je Telle Qu'Elle Nous est Révélée dans l'Expérience Psychanalytque" [1949], em *Écrits*, p. 94) [Lacan, J. (1998). O estádio do espelho como formador da função do eu. In: J. Lacan. *Escritos* (V. Ribeiro, trad., p. 535-590). Rio de Janeiro: Jorge Zahar, p. 98].
28 J. Lacan, "La Chose Freudienne", em *Écrits*, p. 417.
29 Ibid., p. 424.
30 J. Lacan, "Le Stade du Miroir", em *Écrits*, p. 99. Cf. igualmente "Remarque sur le

a concepção que faz da consciência uma determinação essencial do sujeito, Lacan destaca a ambiguidade de todo reconhecimento de si, cujo inverso necessário é um desconhecimento fundador: existe, escreve ele, um "desconhecer essencial no me conhecer".[31] Incontestavelmente, essa tematização lacaniana da dupla função de reconhecimento-desconhecimento nutre a teoria althusseriana da constituição do sujeito dentro do elemento da ideologia, constituição subjetiva na qual a evidência enganadora do "sou eu mesmo" advém sobre o pano de fundo de uma opacidade em relação a si, ligada à estrutura do assujeitamento, que marca toda a ambiguidade do termo ou da categoria de sujeito. Porém, se Althusser *e* Lacan fundam suas concepções de sujeito assujeitado sobre a recusa comum de uma representação dita "clássica" (com toda a indeterminação que comporta tal adjetivo), aquela de um eu constitutivo, considerado como livre princípio de seus atos, transparente a suas próprias representações, sob a centralidade suposta da consciência, o paralelo aqui estabelecido comporta limites evidentes. O primeiro destes limites, que marca uma divergência crucial entre os enfoques althusseriano e lacaniano, não é outra que a distinção conceitual que convém estabelecer entre o *sujeito* e o *eu* [*moi*]. Essa distinção é mantida e incessantemente reafirmada em Lacan, notadamente através da concepção de sujeito como sujeito do inconsciente, e da diferenciação da ordem *simbólica* e da ordem *imaginária* que rege o eu [*moi*]. Em Althusser, porém, essa distinção conceitual não aparece tematizada como tal. O sujeito interpelado parece às vezes reduzido a um eu [*moi*], mesmo que descentrado, assujeitado, e privado do pseudocaráter esclarecedor da consciência, mas cujas opacidades são precisamente aquelas das falsas evidências da consciência.

Rapport de Daniel Lagache: 'Psychanalyse et Structure de la Personnalité'", 1960, em *Écrits*, p. 675.
31 J. Lacan, "Subversion du Sujet et Dialectique du Désir dans l'Inconscient Freudien", em *Écrits*, p. 808-809.

Essa relativa indistinção conceitual entre sujeito e eu [*moi*], testemunha talvez a ambiguidade ligada, na perspectiva althusseriana, à própria ordem ideológica, cuja definição parece oscilar, se retomarmos a divisão lacaniana entre ordem simbólica e ordem imaginária. Sob um primeiro aspecto, que remete ao caráter primordial da "Lei de Cultura", a ideologia, que intima sempre-já os indivíduos a serem sujeitos, parece advir plenamente da ordem simbólica, na qual opera essa "pega do inconsciente" sobre o processo de humanização e de subjetivação. A *teoria geral do significante*, evocada por Althusser nas *Três Notas sobre a Teoria dos Discursos*, visa assim dar conta de um efeito de subjetividade próprio a todo discurso (e notadamente ao discurso ideológico), efeito de subjetividade cujo efeito secundário seria precisamente o efeito *sujeito-do-inconsciente*.

Em relação a outro aspecto, porém, o da função de reconhecimento-desconhecimento, na qual Althusser identifica a função essencial de todo dispositivo ideológico, a ideologia parece reduzir-se à ordem do imaginário, de suas alienações e de suas ignorâncias constitutivas. Vê-se, com efeito, que na perspectiva original de Lacan, essa função de reconhecimento-desconhecimento, reativada por Althusser, caracteriza mais o eu [*moi*], em sua ilusão de autonomia e em sua alienação especular, do que o sujeito verdadeiro; nessa condição, ela parece constituir mais uma função imaginária do que simbólica. Nessa mesma perspectiva, o reconhecimento-desconhecimento revela-se indissociável das ilusões do eu autônomo e da miragem da consciência.

A reativação althusseriana dessa dupla função para a compreensão da ideologia parece, pois, de fato associar a ordem ideológica à ordem imaginária que é também aquela da consciência, e dos desconhecimentos constitutivos do *eu* [*moi*], pego na miragem do livre-arbítrio ou da autonomia. Althusser chega inclusive a comparar o espaço necessariamente fechado, que é o espaço da ideologia, ao próprio círculo "inevitavelmente fechado que em outro contexto, e com outros fins, Lacan chamou de '*relação especular dual*'".[32] E, contudo, notamos igualmente, que a singularidade da teoria da ideologia invocada por Althusser reside justamente na homologia de estrutura postulada entre a ordem própria da ideologia e aquela do inconsciente, na medida em que essa constitui uma ordem não mais imaginária, mas simbólica, dotada de uma causalidade própria. Essa dificuldade interna à concepção da ideologia parece indicar a desconfiança persistente do autor de "Ideologia e Aparelhos Ideológicos de Estado" a respeito do termo e da categoria filosófica de sujeito, mesmo que esse se encontrasse definido, ou redefinido, como sujeito do inconsciente.

---

32 L. Althusser, "Du 'Capital' à la Philosophie de Marx", p. 57.

CONCLUSÃO

O que podemos destacar desse estudo é que a questão geral da *subjetividade*, compreendida como processo de subjetivação que repousa sobre uma estrutura de descentramento e de assujeitamento, constitui uma questão decisiva da obra de Althusser, considerada sob o aspecto de um de seus principais projetos, o de uma teoria da ideologia ainda lacunar no marxismo. Nesse quadro, Althusser mobiliza uma série de questionamentos e de conceitos emprestados do campo da psicanálise, seguindo o mesmo gesto de retomada e reformulação que governou a elaboração de seus próprios conceitos fundamentais, na perspectiva do retorno a Marx, tais como o de sobredeterminação, de leitura sintomal ou de causalidade estrutural. Deixaremos em suspenso um ponto nodal e problemático em jogo ao longo da releitura althusseriana da descoberta freudiana: o da *fundação epistemológica* da psicanálise pelo marxismo, até mesmo por uma *teoria geral do discurso* ou do significante que Althusser demanda, embora permaneça bastante elíptico a esse respeito. Nos deteremos, em vez disso, na reflexão sobre essa questão do sujeito, inseparável de toda a conceituação althusseriana da ideologia, e reveladora da relação singular que o pensamento de Althusser mantém com a teoria freudiana e sua retomada lacaniana.

Destacamos que a teoria da interpelação em sujeito como mecanismo fundamental da ideologia é regida pela reativação da noção lacaniana de ordem simbólica, sob o conceito de Lei de Cultura. E, no entanto, diferentemente de Lacan, Althusser não parece sempre disposto a reconhecer uma pertinência filosófica completa ao conceito de *sujeito*. Podemos perceber essa divergência de modo notável nas recepções, quase opostas, da *conceituação cartesiana* do *Eu penso*, em Lacan de um lado, e em Althusser de outro.

Para Lacan, a conceituação cartesiana do sujeito inaugura um paradigma sempre válido, uma teoria do sujeito que não define um simples momento na história da filosofia, mas oferece uma tematização moderna da subjetividade (em relação com a ciência e o desejo de saber) que é ainda a da psicanálise, em sua própria irredutibilidade à psicologia. O *Eu penso* cartesiano não define um sujeito psicológico, nem um sujeito das profundezas, mas muito mais um sujeito vazio que figura o correlato, antagônico, da ciência, constituído por uma "relação pontual e evanescente" com o "saber".[1] O *cogito* se revela, com efeito, no momento da máxima incerteza: ele então não caracteriza mais o sujeito pleno da psicologia, ou o eu regido pela função da consciência, mas essa instância incapturável, esse ponto de evanescimento que se descobre inicialmente na dúvida hiperbólica. O conceito moderno de sujeito inaugurando na filosofia de Descartes, sob a condição de sujeito da ciência, permanece o modelo, não ultrapassado, de toda tematização não psicológica da subjetividade: portanto, ele continua prevalecendo, sobretudo, na própria psicanálise. O sujeito do inconsciente, é ainda o sujeito da ciência; pode-se mesmo afirmar, segundo Lacan, que "a abordagem de Freud é cartesiana", uma vez que ela "parte do fundamento do sujeito da certeza".[2] Em Althusser, porém, a

---
1   J. Lacan, "La Science et la Verité", em *Écrits*, p. 858.
2   J. Lacan, *Les Quatre Concepts Fondamentaux de la Psychanalyse*, III, p. 43.

recepção da filosofia cartesiana é muito mais crítica, e envolve uma leitura mais tradicional, que parece fazer do cartesianismo um momento decisivo na constituição de uma "filosofia da consciência". Ainda que Althusser não confunda o conceito cartesiano de *sujeito da verdade* (ou sujeito de objetividade) com aquele de uma *psicologia* efetiva, ele estabelece, no entanto, laços entre esses dois conceitos. Assim, o sujeito psicológico pode ser relacionado ao "sujeito do erro" tal como lhe concebe Descartes, isto é, como o inverso do sujeito da verdade transparente a seus próprios procedimentos e operações na ordem da ciência.[3] A filosofia de Descartes, que desconheceria a significação real do *corte* entre verdade e erro é, às vezes, reatribuída por Althusser à ordem de uma "filosofia burguesa", correlativa do advento da ideologia jurídica do "sujeito". Contrariamente ao que afirma Lacan, a concepção cartesiana não constitui mais então o horizonte insuperável, ou não superado, não circunscrito historicamente, de toda concepção de sujeito, válido na própria ordem da psicanálise. Mede-se aqui, novamente, a importância do espinosismo de Althusser, que supõe a *rejeição do sujeito cartesiano* enquanto sujeito da ciência: essa rejeição do sujeito da ciência, ou do *sujeito do conhecimento*, tomado numa relação dual com um "objeto", é convocada pela crítica geral de qualquer "teoria do conhecimento", crítica implicada pela definição do próprio conhecimento como processo sem sujeito.

A crítica althusseriana do sujeito cartesiano (definido como sujeito de verdade) se revela, em última análise, nos antípodas da perspectiva original de Lacan. Reforça-se assim a constatação de uma ambiguidade em Althusser do próprio projeto de constituição de uma *teoria do sujeito*, embora não egológica e não psicológica. Por um lado, destacou-se que a questão da subjetividade não é totalmente ignorada, mas comanda ao con-

---

3 Sobre esse ponto, cf. L. Althusser, *Psychanalyse et Sciences Humaines*, 2e. Conferénce, p. 106-122.

trário, em grande medida, o programa althusseriano de constituição de uma teoria da ideologia desvinculada do modelo da especularidade simples, e cujas leis responderiam à causalidade em ação no inconsciente. Por outro lado, porém, a categoria de sujeito parece inscrever-se no domínio de uma filosofia da consciência da qual a filosofia do conceito, convocada pelo "anticartesianismo convicto" de Althusser, continua sendo adversário teórico. Essa ambiguidade significa então o que poderíamos chamar de o enigma do *sujeito* althusseriano, o sujeito interpelado, que se encontra compreendido às vezes como sujeito simbólico, o sujeito do inconsciente nas categorias de Lacan, às vezes como um eu [*moi*] imaginário, cujos desconhecimentos e as ilusões, mesmo aquelas da consciência, recobrem a alienação característica do "'sou eu' do homem moderno", que é também o "sujeito da civilização científica".[4] Sem dúvida, deve-se precisar aqui, a extraordinária proximidade intelectual que liga Louis Althusser a Jacques Lacan se declina sob diferentes modos, e denota, conforme assinalamos, ora uma relação de quase-fidelidade ("lhe devemos o essencial"), ora pelo contrário, uma estratégia de apropriação ("traduzir Lacan") e de integração a um dispositivo maior, em jogo por exemplo no projeto de uma teoria da ideologia que funda de certo modo a própria psicanálise, em sua exigência de cientificidade. Além disso, ela comporta limites evidentes, já que se Althusser percebe muito cedo, e com grande acuidade, a importância do trabalho de Lacan, parece que Lacan, por sua vez, não concede mais que um interesse fortemente limitado e circunstancial ao programa althusseriano do retorno a Marx, e o põe em perspectiva à psicanálise e ao marxismo. Além disso, o próprio Althusser, depois da virada de sua autocrítica nos anos 1970, e da rejeição da compreensão anterior da noção de *corte epistemológico*,[5] julgado "teoricista", se distancia consideravelmente

---
4 J. Lacan, "Fonction et Champ de la Parole et du Langage", em *Écrits*, p. 281.
5 Cf. sobre esse tema L. Althusser, *Élements d'Autocritique*, 2, p. 41-53.

da referência a Lacan, até finalmente qualificar como fracasso a tentativa lacaniana de conferir à psicanálise o estatuto de ciência. Lacan teria, no máximo, forjado uma "filosofia da psicanálise", mas fracassado em seu projeto de constituir a partir da obra de Freud uma *teoria do inconsciente*.[6] Entretanto, parece igualmente que essa constatação de fracasso, essa desilusão a respeito do trabalho de Lacan, coincide em Althusser com o pôr em causa de suas próprias pesquisas a propósito da filosofia latente de *O Capital* e do estatuto científico do materialismo histórico: pôr em causa particularmente perceptível no artigo de 1978 intitulado "Marx em seus limites".

Parece, assim, existir, no próprio interior da obra de Althusser, uma tensão não superada entre, por um lado, uma crítica explícita do conceito filosófico de *sujeito* em geral, associada à crítica dos conceitos idealistas de *origem* e de *fim*, inerente à conceituação do *processo sem sujeito* e, por outro, uma tematização original da dimensão ideológica em jogo em qualquer forma de sociedade. Ora, essa tematização só se compreende verdadeiramente no quadro de sua reformulação e de sua problematização renovada, e não da expulsão pura e simples desta questão do sujeito. Por um lado, então, Althusser não faz absolutamente sua a recuperação lacaniana do sujeito da filosofia clássica, o sujeito cartesiano. De maneira ainda mais radical, a categoria de sujeito lhe aparece como "a categoria filosófica nº 1" da filosofia burguesa, segundo a fórmula da *Resposta a John Lewis*.[7] A esse respeito, deve-se destacar que os conceitos, fundamentais da perspectiva de Lacan, de *sujeito da ciência* e de *sujeito do inconsciente*, permanecem para Althusser categorias filosoficamente opacas, até inadmissíveis. Se, na primeira das *Três Notas sobre a Teoria dos Discursos*, se encontram admitidas

---

6 Sobre esse ponto, cf. "La Découverte du Docteur Freud", 1976, em *Écrits sur la Psychanalyse*, p. 195-219.
7 L. Althusser, *Réponse à John Lewis*, p. 71.

as hipóteses de um efeito sujeito-da-ciência e de um efeito sujeito-do-inconsciente, essas são logo invalidadas, implicando um desacordo explícito com Lacan sobre esse ponto, na medida em que o sujeito se encontra em definitivo reconduzido a um efeito do discurso *ideológico*.[8] Por outro lado, a ideologia constitui o elemento necessário da existência humana, e a condição de sujeito, considerado com o *efeito* característico do dispositivo ideológico, provém da mesma necessidade. De maneira geral, como destaca Étienne Balibar, a leitura tradicional do movimento estruturalista como simples desqualificação do sujeito é inadequada: os filósofos e teóricos ditos "estruturalistas", tais como Lacan, o primeiro Foucault, e *o próprio Althusser*, longe de tentarem desqualificar o *sujeito*, tentaram pensá-lo: mais precisamente, tentaram esclarecer "este ponto cego instalado pela filosofia clássica na posição de fundamento, isto é, de fazer passar o sujeito de uma função *constitutiva* para uma posição *constituída*".[9] A análise da dificuldade interna à obra de Althusser a respeito dessa questão do sujeito passava, assim, pelo exame dos seus pontos de encontro, mas também de suas divergências, com a concepção lacaniana. Quisemos, nessa perspectiva, pôr em relevo a singularidade, bem como o caráter enigmático de uma teoria da ideologia que é simultaneamente uma teoria da constituição do sujeito. O caráter inacabado de tal teoria, na perspectiva específica aberta por Althusser, é provavelmente indissociável das tensões inerentes à sua própria conceituação do ser ou do devir sujeito. Mas esse inacabamento não invalida o seu projeto, e pode, pelo contrário, incitar, como testemunham os numerosos trabalhos recentes, o prosseguimento da reflexão em torno da problemática da "interpelação em sujeito".

---

8 L. Althusser, Introdução, datada de 28 de outubro de 1966, a *Trois Notes sur la Théorie des Discours*, em *Écrits sur la Psychanalyse*, p. 117.
9 É. Balibar, "L'Objet d'Althusser", em Sylvain Lazarus (org.), *Politique et Philosophie dans l' Œuvre de Louis Althusser*, p. 98.

REFERÊNCIAS

Obras de Louis Althusser
Écrits Philosophiques et Politiques I. Textos reunidos e apresentados por François Matheron. Paris: Stock/IMEC, 1994.
Écrits Philosophiques et Politiques II. Textos reunidos e apresentados por François Matheron. Paris: Stock/IMEC, 1995.
Écrits sur la Psychanalyse: Freud et Lacan. Textos reunidos e apresentados por Olivier Corpet e François Matheron. Paris: Stock/IMEC, 1993.
Éléments d'Autocritique. Paris: Hachette Littératures, 1974 [Trad. bras.: *Elementos de Autocrítica*, em Posições 1. Rio de Janeiro: Graal, 1978].
L'Avenir Dure Longtemps, seguido de *Les Faits*. Edição e apresentação por Olivier Corpet e Yann Moulier Boutang. Paris: Stock/IMEC, 1992 [Trad. bras.: *O Futuro Dura Muito Tempo*, seguido de *Os Fatos*. São Paulo: Companhia das Letras, 1993].
Lénine et la Philosophie. Paris: François Maspero, 1969 [Trad. bras.: *Lênin e a Filosofia*. São Paulo: Mandacaru, 1989].
Lettres à Franca (1961-1973). Edição, notas e apresentação por François Matheron e Yann Moulier Boutang. Paris: Stock/IMEC, 1998.

Lire le Capital com Étienne Balibar, Roger Establet, Pierre Macherey, Jacques Rancière [Paris: François Maspero, 1965]. Paris: PUF, 1996 (Quadrige) [Trad. bras.: *Ler O Capital*. Rio de Janeiro: Zahar, 1979-1980, 2 vols.].
Montesquieu, la Politique et l'Histoire. Paris: PUF, 1959 [Trad. bras.: *Montesquieu a Política e a História*. São Paulo: Martins Fontes, 1977].
Philosophie et Philosophie Spontanée des Savants, 1967. Paris, François Maspero, 1974 [Trad. bras.: *Filosofia e Filosofia Espontânea dos Cientistas*. São Paulo: Martins Fontes, 1976].
Positions. Paris: Éd. Sociales, 1976.
Pour Marx [Paris: François Maspero, 1965]. Prefácio de Étienne Balibar. Paris: La Découverte, 2005 [Trad. bras.: Por Marx. Campinas: Editora da Unicamp, 2015].
Psychanalyse et Sciences Humaines. Deux conférences (1963-1964). Edição e apresentação por Olivier Corpet et François Matheron. Paris: Le Livre de poche, Librairie générale française / IMEC, 1996.
Réponse à John Lewis. Paris: François Maspero, 1973 [Trad. bras.: Resposta a John Lewis. Rio de Janeiro: Graal, 1978, (Posições 1)].
Solitude de Machiavel et Autres Textes. Edição, notas e apresentação por Yves Sintomer. Paris: PUF, 1998.
Sur la Philosophie. Paris: Gallimard, 1994.
Sur la Reproduction. Texto editado e apresentado por Jacques Bidet. Paris: PUF, 1995 [Trad. bras.: Sobre a Reprodução. Petrópolis: Vozes, 2008, texto editado e apresentado por Jacques Bidet].

Outras obras

BALIBAR, Étienne. *Écrits pour Althusser*. Paris: La Découverte, 1991.
_____. *La philosophie de Marx*. Paris: La Découverte,1993 (Repères) [Trad. bras.: A Filosofia de Marx. Rio de Janeiro: Zahar, 1995].

BOURDIN, Jean-Claude (dir.). *Althusser: Une Lecture de Marx*. Paris: PUF, 2008.
BUTLER, Judith. *La Vie Psychique du Pouvoir. L'Assujettissement en Théories* [*The Psychic Life of Power. Theories in Subjection*. Stanford, CA: Stanford University Press, 1997], traduzido do inglês por Brice Matthieussent. Paris: Éd. Léo Scheer, 2002 [Trad. bras.: *A Vida Psíquica do Poder. Teorias da Sujeição*. Belo Horizonte, Autêntica, 2017].
CANGUILHEM, Georges. *Études d'Histoire et de Philosophie des Sciences* [1968], Paris: Vrin, 1994 [Trad. bras.: Estudos de História e Filosofia das Ciências: Concernentes aos Vivos e à Vida. Rio de Janeiro: Forense, 2012].
CASSOU-NOGUÈS, Pierre. "Coupure ou Problème Épistémologique : Althusser et Desanti". In: D. Pradelle (dir.). *Penser avec Desanti*. Paris: TER, 2009.
CAVAILLÈS, Jean. "Sur la Logique et la Théorie de la Science" [1947]. In: *Œuvres Complètes de Philosophie des Sciences*. Paris: Hermann, 1994.
DESCARTES. *Œuvres*. Edição de Charles Adam e Paul Tannery. Paris: Vrin, 1996, 11 vols.
FEUERBACH, Ludwig. *Manifestes Philosophiques. Textes choisis 1839-1845*. Tradução e apresentação de L. Althusser. Paris: PUF, 1960.
_____. *L'Essence du Christianisme*. Traduzido do alemão por Jean-Pierre Osier. Paris: François Maspero, 1968 (Théorie) [Trad. bras.: *A Essência do Cristianismo*. Petrópolis: Vozes, 2009]
FREUD, Sigmund. *Essais de Psychanalyse*. Traduzido do alemão, sob a responsabilidade de André Bourguignon, por J. Altounian, A. Bourguignon, O. Bourguignon, A. Cherki, P. Cotet, J. Laplanche, J.-B. Pontalis, A. Rauzy. Paris: Éd. Payot, 1981.
_____. *Le Mot d'Esprit et sa Relation avec l'Inconscient*. Traduzido do alemão por Denis Messier, prefácio de Jean-Claude Lavie. reed. Paris: Gallimard, 1992 (Folio Essais) [Trad. bras.: O

Chiste e Sua Relação com o Inconsciente. In: *Obras Completas*. vol. 7. São Paulo: Companhia das Letras, 2017].

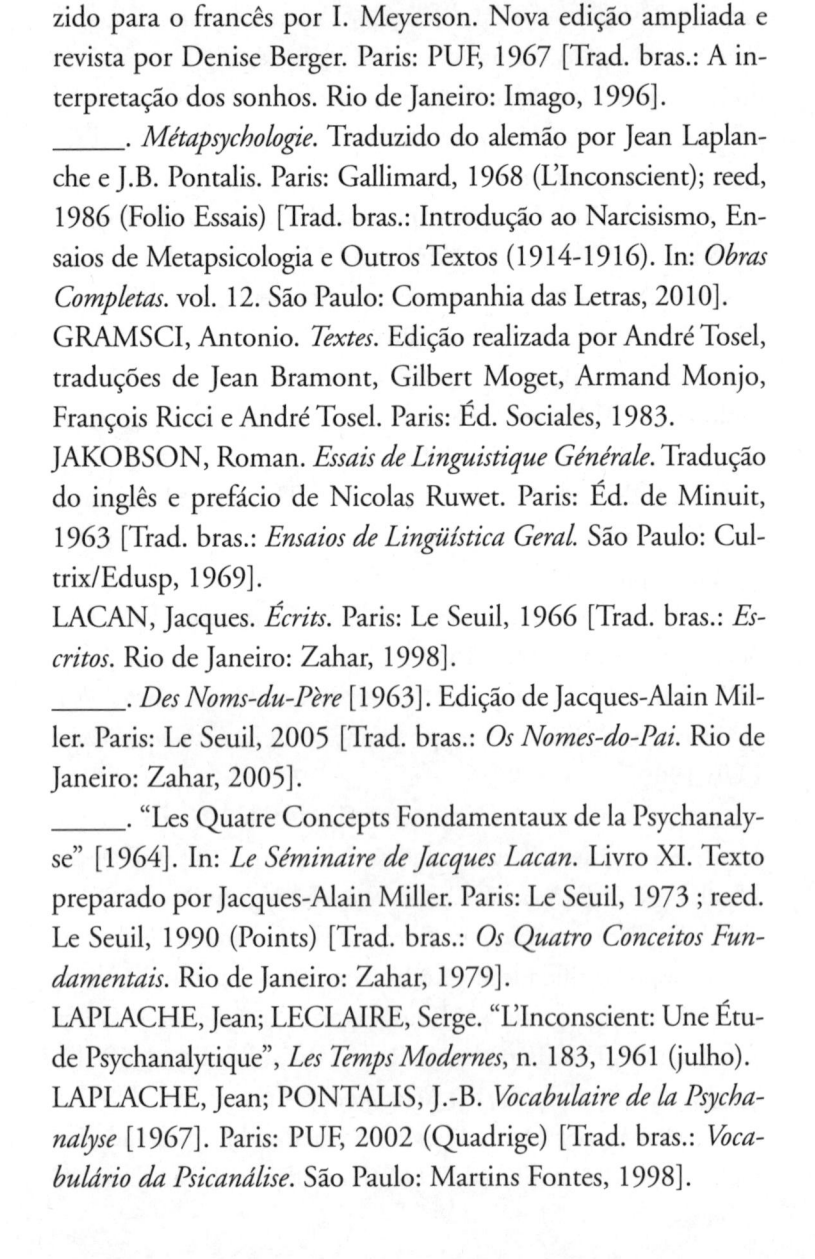

_____. *L'Interprétation des Rêves* [Die Traumdeutung]. Traduzido para o francês por I. Meyerson. Nova edição ampliada e revista por Denise Berger. Paris: PUF, 1967 [Trad. bras.: A interpretação dos sonhos. Rio de Janeiro: Imago, 1996].

_____. *Métapsychologie*. Traduzido do alemão por Jean Laplanche e J.B. Pontalis. Paris: Gallimard, 1968 (L'Inconscient); reed, 1986 (Folio Essais) [Trad. bras.: Introdução ao Narcisismo, Ensaios de Metapsicologia e Outros Textos (1914-1916). In: *Obras Completas*. vol. 12. São Paulo: Companhia das Letras, 2010].

GRAMSCI, Antonio. *Textes*. Edição realizada por André Tosel, traduções de Jean Bramont, Gilbert Moget, Armand Monjo, François Ricci e André Tosel. Paris: Éd. Sociales, 1983.

JAKOBSON, Roman. *Essais de Linguistique Générale*. Tradução do inglês e prefácio de Nicolas Ruwet. Paris: Éd. de Minuit, 1963 [Trad. bras.: *Ensaios de Lingüística Geral*. São Paulo: Cultrix/Edusp, 1969].

LACAN, Jacques. *Écrits*. Paris: Le Seuil, 1966 [Trad. bras.: *Escritos*. Rio de Janeiro: Zahar, 1998].

_____. *Des Noms-du-Père* [1963]. Edição de Jacques-Alain Miller. Paris: Le Seuil, 2005 [Trad. bras.: *Os Nomes-do-Pai*. Rio de Janeiro: Zahar, 2005].

_____. "Les Quatre Concepts Fondamentaux de la Psychanalyse" [1964]. In: *Le Séminaire de Jacques Lacan*. Livro XI. Texto preparado por Jacques-Alain Miller. Paris: Le Seuil, 1973 ; reed. Le Seuil, 1990 (Points) [Trad. bras.: *Os Quatro Conceitos Fundamentais*. Rio de Janeiro: Zahar, 1979].

LAPLACHE, Jean; LECLAIRE, Serge. "L'Inconscient: Une Étude Psychanalytique", *Les Temps Modernes*, n. 183, 1961 (julho).

LAPLACHE, Jean; PONTALIS, J.-B. *Vocabulaire de la Psychanalyse* [1967]. Paris: PUF, 2002 (Quadrige) [Trad. bras.: *Vocabulário da Psicanálise*. São Paulo: Martins Fontes, 1998].

LAZARUS, Sylvain (org.). *Politique et Philosophie dans l'Œuvre de Louis Althusser*. Paris: PUF, 1993 (Pratiques théoriques).

LÉVI-STRAUSS, Claude. *Anthropologie Structurale* [1958]. Paris: Pocket (Agora) [Trad. bras.: *Antropologia Estrutural*. São Paulo: Cosac Naify, 2008].

MACHEREY, Pierre. *Histoires de Dinosaure. Faire de la Philosophie en France*, 1965-1997. Paris: PUF, 1999.

_____. *Marx 1845. Les « thèses » sur Feuerbach*. Tradução e comentário. Paris: Éd. Amsterdam, 2008.

MARX, Karl. *Contribution à la Critique de l'Économie Politique*. Tradução do alemão por Maurice Husson e Gilbert Badia. Paris: Éd. Sociales, 1957 [Trad. bras.: Contribuição para a Crítica da Economia Política. São Paulo: Expressão Popular, 2008].

_____. *Œuvres. Économie I*. Prefácio de François Perroux. Edição e notas por Maximilien Rubel. Paris: Gallimard, 1965 (Bibliothéque de la Pléiade).

_____. *Œuvres. Économie II*. Edição e notas por Maximilien Rubel. Paris: Gallimard (Bibliothèque de la Pléiade), 1968.

_____. *Œuvres III. Philosophie*. Edição, apresentação e notas por Maximilien Rubel. Paris: Gallimard, 1982 (Bibliothèque de la Pléiade).

MILNER, Jean-Claude. *L' Œuvre Claire: Lacan, la Science, la Philosophie*. Paris, Le Seuil, 1995 [Trad. bras.: *A Obra Clara: Lacan, a Ciência, a Filosofia*. Rio de Janeiro: Zahar, 1996].

PASCAL. *Pensées*. Texto preparado por Louis Lafuma. Paris: Le Seuil, 1962 [Trad. bras.: *Pensamentos*. São Paulo: Abril Cultural, 1973 (Os Pensadores)].

POLITZER, Georges. *Critique des Fondements de la Psychologie* [1928]. Paris: PUF, 1974 [Trad. bras. Crítica dos Fundamentos da Psicologia: a Psicologia e a Psicanálise. Piracicaba: Editora UNIMEP, 1998].

RAYMOND, Pierre (dir.). *Althusser Philosophe*. Paris: PUF, 1997.

ROSSET, Clément. *En ce Temps-là. Notes sur Louis Althusser.* Paris: Éd. de Minuit, 1992.

ROUDINESCO, Élisabeth. *La Bataille de Cent Ans. Histoire de la Psychanalyse en France.* Paris: Le Seuil, 1986, 2 vols. [Trad. bras.: *História da Psicanálise na França. A Batalha dos Cem Anos.* Rio de Janeiro: Jorge Zahar, 1989, 2 vols.].

_____. *Jacques Lacan. Esquisse d'une Vie, Histoire d'un Système de Pensée.* Paris: Fayard, 1993 [Trad. bras.: *Jacques Lacan: Esboço de uma Vida, História de um Sistema de Pensamento.* São Paulo: Companhia das Letras, 1994].

SPINOZA. *Éthique.* Trad. de Bernard Pautrat. Paris: Le Seuil, 1988 [Trad. bras.: *Ética.* São Paulo: Autêntica, 2007].

ZIZEK, Slavoj. *Le Sujet qui Fâche. Le Centre Absent de l'Ontologie Politique* [*The Ticklish Subject. The Absent Center of Political Ontology.* Londres - New York: Éd. Verso, 1999]. Trad. de Stathis Kouvélakis. Paris: Flammarion, 2007. [Trad. bras.: *O Sujeito Incômodo.* São Paulo: Boitempo, 2016].